OS RICOS E OS POBRES

MARCELO MEDEIROS

Os ricos e os pobres
O Brasil e a desigualdade

2ª reimpressão

Copyright © 2023 by Marcelo Medeiros

Grafia atualizada segundo o Acordo Ortográfico da Língua Portuguesa de 1990, que entrou em vigor no Brasil em 2009.

Capa
Thiago Lacaz

Preparação
Márcia Copola

Checagem
Érico Melo

Revisão
Ana Maria Barbosa
Bonie Santos

Dados Internacionais de Catalogação na Publicação (CIP)
(Câmara Brasileira do Livro, SP, Brasil)

Medeiros, Marcelo
　Os ricos e os pobres : O Brasil e a desigualdade / Marcelo Medeiros.
— 1ª ed. — São Paulo : Companhia das Letras, 2023.

　　Bibliografia.
　　ISBN 978-85-359-3564-6

　　1. Desigualdade – Brasil 2. Desigualdade social 3. Pobreza – Brasil 4. Riqueza – Brasil I. Título.

23-161920　　　　　　　　　　　　　　　　CDD-305.5

Índice para catálogo sistemático:
1. Desigualdade social : Sociologia　305.5

Eliane de Freitas Leite – Bibliotecária – CRB-8/8415

Todos os direitos desta edição reservados à
EDITORA SCHWARCZ S.A.
Rua Bandeira Paulista, 702, cj. 32
04532-002 — São Paulo — SP
Telefone: (11) 3707-3500
www.companhiadasletras.com.br
www.blogdacompanhia.com.br
facebook.com/companhiadasletras
instagram.com/companhiadasletras
twitter.com/cialetras

Sumário

Introdução 7

DESIGUAL

A desigualdade está concentrada no topo 17
Poucos têm muito, muitos têm pouco 27
Os nomes das classes importam 33
Classes: Refinar no topo é melhor..................... 39
Um problema político 47
Ensino médio é pouco para a desigualdade 55
Educação é investimento de longo prazo 65

OS RICOS

Quem é rico? 73
A renda dos ricos é diferente 81
Os ricos são um país desigual 91
O negro no mundo dos ricos 95
A riqueza dos ricos 99

Riqueza, renda e consumo são coisas diferentes 109
Tributação da riqueza não é nada de outro mundo 115
Fuga de capital não é certa 119

OS POBRES

O que significa ser pobre? 127
Quantos pobres? 133
Ser pobre, estar pobre 141
Vulneráveis 147
Focar apenas nos pobres é um erro 153
As evidências são baseadas em política 157
Linha de pobreza: Mudar para refletir ambições 161
Salário mínimo e pobreza 167
Ensino fundamental é pouco para combater pobreza 171

Agradecimentos 175
Notas 177
Referências bibliográficas 187

Introdução

Este não é um livro sobre filosofia; é um livro movido por filosofia. Nós analisamos o mundo para mudá-lo. Combater a desigualdade é um fim em si e um meio para outras coisas. Reduzir a desigualdade é algo importante porque uma parte grande da desigualdade existente ou resulta de causas injustas, o que a torna moralmente inaceitável, ou tem consequências negativas para muita gente, o que torna mais igualdade algo recomendável. Seja pela ótica das causas, seja pela ótica das consequências, ser igualitarista é uma posição quase inevitável quando se pensa seriamente no assunto. Este livro procura trazer ao debate público algumas ferramentas para que se leve adiante tal igualitarismo.

Um livro sobre desigualdade é um livro sobre como as coisas se distribuem na sociedade. Toda distribuição social é uma distribuição de *algo* entre *alguém*; "algo" aqui é a renda, "alguém" são pessoas, em sentido mais geral. Consiste numa escolha cuja relevância não precisa ser defendida, porém merece ser ressalvada. Existem muitos outros "algos" que devem receber atenção — riqueza, educação, saúde, segurança —, pois são mal distribuídos na sociedade. O livro não trata deles, mas isso não autoriza a negligenciá-los. O mesmo vale para os "alguéns" — grupos sociais, cidades, regiões etc. Eu não gostaria de começar omitindo o fato de que a distribuição de renda entre pessoas pinta uma parte pequena do quadro da desigualdade numa sociedade. Por outro lado, sustento que essa parte é importante o suficiente para receber muita atenção.

A gaveta da desigualdade de renda é uma daquelas gavetas de boticário antigas, de frente estreita, mas muito funda. A gaveta é maior do que parece à primeira vista. Não existe uma desigualdade de renda, e sim várias. O mais adequado é pensar no plural, em desigualdades de renda: desigualdades entre famílias, entre indivíduos, entre trabalhadores ou entre grupos sociais, desigualdades entre salários, rendas totais ou rendas per capita. Cada uma com um "algo" e um "alguém" diferente. O livro dá bastante atenção para a desigualdade de renda individual total entre adultos, mas é essencial dizer que não existe uma desigualdade de renda "preferencial". O que há são vários ângulos pelos quais a heterogeneidade de uma sociedade pode ser vista, cada um trazendo informações diferentes.

O primeiro objetivo do livro é mostrar que uma característica do Brasil é ser formado por uma grande massa relativamente uniforme de pessoas de baixa renda que é bem diferente de uma pequena porém mais rica elite econômica. Por isso, para entender pobreza, nós devemos olhar para a base da pirâmide social, mas para entender a desigualdade de renda entre as pessoas, é preciso olhar para o topo, os ricos.

Na linguagem política, o termo "elite econômica" às vezes recebe uma valoração negativa, coisa que não acontece, por exemplo, com o termo "elite política" ou mesmo "elite educacional". Há aqui um sinal de que o igualitarismo deixou sua marca no debate: o termo "elite econômica" é associado a uma estrutura social que produz desigualdades imensas, e há algo de errado na magnitude dessa diferenciação. O problema mais importante não é onde estão as fronteiras dos grupos, mas quais são as causas das grandes diferenças. É certo, todavia, que termos importam na medida em que guiam ações políticas, portanto é necessário começar fazendo algumas ressalvas: este não é um campo de consensos, e há tanta diferenciação interna entre os mais ricos que é possível subdividir esse grupo em vários subgrupos menores e bem distintos entre si, assunto que se discute mais adiante.

Neste livro uso o termo "elite" com alguma parcimônia e certamente no sentido de um grupo que é distinto para um observador externo, e não no sentido de um grupo que julga a si próprio distinto. Por isso, em geral dou preferência ao termo "ricos", que já porta sua carga de controvérsia. Ninguém deve esperar uma definição inconteste sobre quem é rico. É pedir demais para algo que nem sequer existe na definição de pobreza, tema bem mais debatido. Aliás, toda classificação é sujeita a disputas. Mas isso não importa tanto. O que realmente interessa é que existe um grupo que concentra uma parte muito grande de toda a renda do país, uma parte maior, por exemplo, que toda a renda junta da metade mais pobre. Esse grupo rico é diferente: as fontes de sua renda, por exemplo, têm uma composição diversa, o que traz implicações para o desenho de políticas de combate à desigualdade, em particular no que diz respeito à tributação.

No extremo oposto desse país desigual estão os pobres. O assunto é demasiado sério. Muita gente nem sequer tem dimensão de quão grave é alguém ser pobre; ignora o significado de pobreza. Por isso, tentei exemplificar as escolhas cruéis que uma família pobre é obrigada a fazer quando precisa comprar coisas triviais, como material escolar ou medicamentos essenciais. Porém, para não perder de vista o problema da desigualdade, lembro que há muita gente que não é considerada pobre ainda que viva com rendas bastante próximas das de quem é pobre. Lembro também que pobreza não é, necessariamente, um estado crônico; na verdade, há muito movimento para dentro e para fora da pobreza em períodos relativamente curtos. Isso também tem implicações para o desenho de políticas como, por exemplo, quanta ênfase deve ser dada à focalização apenas em quem está abaixo de uma linha de pobreza e quanta atenção deve ser dispensada à mobilidade.

Entre os ricos e os pobres existe uma grande massa de população bastante homogênea. Há bem pouca desigualdade dentro dessa massa, especialmente se comparada à desigualdade que existe dentro do grupo dos ricos. Não é uma massa de renda média. Quase toda ela está, de fato, abaixo da média, porque numa sociedade muito desigual a média fica mais perto do topo — mais ou menos no começo do quarto mais rico da população adulta, no caso do Brasil. Na verdade, essa grande massa se parece bem mais com os pobres do que com os 5% mais ricos ou com o 1% mais rico. Além disso, por causa da mobilidade, muita gente nessa massa entra e sai da pobreza ao longo de uma década. É gente que não é pobre, mas cuja vida é diretamente afetada pelo valor do salário mínimo e que não pode prescindir de serviços públicos gratuitos ou subsidiados de saúde, educação e transporte, para citar alguns exemplos.

Associada a esse perfil de distribuição está uma concentração bem alta da renda entre os mais ricos. Há muito mais renda nas mãos do 1% mais rico do que na metade mais pobre da população adulta. De cada R$ 5 do país, R$ 1 é apropriado pelo 0,5% mais rico. Por isso, a maior parte da desigualdade decorre das diferenças entre os ricos e os demais e das diferenças dentro dos mais ricos. A pobreza ou mesmo as diferenças dentro da grande massa de baixa renda têm papel pequeno no conjunto. É por esse motivo que políticas de combate à pobreza são importantes para os pobres, mas não têm efeito relevante sobre a desigualdade.

Ricos, pobres e uma enorme classe média. A sociedade é então uma grande coleção de borboletas apenas aguardando classificação? Ou as divisões não são essas? Quem é quem nessa coleção e quais são as implicações disso? Um segundo objetivo do livro é indicar que classificamos para dar ordem ao caos, mas que classificações não são mera questão de escolha. Classificações são instrumentos de poder. Sistemas de classe orientam decisões, têm efeitos concretos na vida das pessoas e, por essa razão, constituem antes um assunto político que um problema técnico. Quando classificações são ou podem ser instrumentos para algum propósito político, é em função disso que devem ser construídas. Propósitos diferentes podem exigir, inclusive, classificações diferentes.

Em geral, o que se tenta fazer em esquemas de classificação é criar classes suficientemente homogêneas internamente para justificar a agregação e suficientemente diferentes das demais para justificar a separação. Se o propósito é enfrentar a desigualdade, o recomendável em sociedades extremamente desiguais é que as classes sejam mais refinadas no topo. Há bem mais desigualdade dentro dos adultos 10% mais ricos, ou mesmo do 1% mais rico, do que há dentro de uma grande massa de população de baixa renda que não é pobre e cujo tamanho é mais ou menos o de metade da população adulta. A divisão da população em décimos, por exemplo, coloca em grupos separados gente muito parecida e dentro do mesmo grupo gente muito diferente.

No fundo, toda essa discussão é precedida por questões filosóficas. Por trás de classes e até de medidas de desigualdade estão teorias de justiça, implícitas ou explícitas. Tais teorias dizem como a desigualdade deve ser ponderada. Portanto, a própria mensuração da desigualdade é afetada por valores morais. As implicações disso são muitas. O que se mede como efeito agregado de uma política econômica, por exemplo, depende de valores morais que fundamentam a construção dos indicadores desses efeitos. Isso acontece mesmo quando os indicadores não levam desigualdade em conta, como uma média — afinal, médias são omissas sobre a desigualdade, e negligenciar desigualdade é uma opção moral, mesmo quando é apenas implícita. Por motivos como esse é imprescindível explicar que, nas discussões sobre desenvolvimento, olhar para o crescimento agregado em lugar de olhar para a apropriação do crescimento, por exemplo, é uma escolha entre dar e não dar importância para a desigualdade.

Outro objetivo do livro é mostrar que há limites claros para algumas medidas de combate à desigualdade que, com grande frequência, são alçadas quase à condição de panaceia, como é a educação. Garantir que as pessoas concluam um ensino primário e secundário de boa qualidade é extremamente importante, disso deve-se esperar um efeito pequeno na desigualdade salarial. Mesmo uma massificação do ensino superior, medida muito mais ambiciosa, teria efeitos limitados, em especial nas primeiras décadas depois de ocorrer.

Por outro lado, deve haver menos tabu em relação a outras medidas, como as tributárias. Não há sinal nenhum de que um aumento da progressividade tributária causaria danos consideráveis na economia. Tampouco há motivos para pânico em relação a tributos que geralmente são mais progressivos, como aqueles sobre patrimônio. O argumento de fuga massiva de capitais, por exemplo, não é muito bem fundamentado. Alguma saída é esperada, mas as condições necessárias para uma fuga massiva são complexas e parte da saída pode ser evitada pelo desenho dos tributos. Uma integração com o Imposto de Renda, por exemplo, pode fazer do imposto sobre patrimônio uma forma de imposto mínimo. Aliás, impostos sobre patrimônio desse tipo já existem. O Brasil já tributa metade do patrimônio do país, com impostos como o Imposto Predial e Territorial Urbano (IPTU); precisa apenas decidir o que fazer com a outra metade. Na medida em que tributam capital ocioso ou pouco produtivo, impostos sobre patrimônio podem até mesmo incentivar um aumento de produção e de eficiência.

No entanto, assim como educação, tributação não é uma panaceia. Em toda essa discussão há uma mensagem importante: para encarar um problema de magnitude tão grande quanto a desigualdade no Brasil, não é sensato apostar em fórmulas mágicas. Combater a desigualdade vai dar trabalho, vai custar caro, vai levar tempo e vai consumir muito capital político, porque exige enfrentar diretamente os conflitos distributivos que existem na sociedade.

Num livro como este é tentador buscar um fio condutor, uma espécie de eixo em torno do qual evolui uma narrativa e para o qual convergem as argumentações. Há uma tradição na economia e na sociologia que segue nessa direção. Quanto mais sintético esse fio, maior a tentação. Fios condutores facilitam o entendimento e tornam ideias mais populares. Este livro não compartilha de tal visão. No campo das ideias, mais popular não significa melhor. Ser boa para organizar os fatos não torna uma narrativa correta. Não é que não possa existir um motor da história ou um conjunto pequeno de pilares da sociedade. É que eu penso que estamos longe de encontrá-los, e enquadrar fatos em esquemas simples pode causar mais danos que benefícios. Evitei, quanto pude, a busca de um eixo central para o livro. Afinal, nossa experiência nas ciências sociais mostra que o tempo corroeu todos os grandes fios condutores de narrativas, um a um, sem clemência.

Minha intenção foi fazer um livro que trouxesse informações importantes sobre desigualdade expressas em linguagem simples. Foi um trabalho mais difícil do que eu imaginava. Primeiro, porque há coisas importantes que de simples têm pouco. Às vezes é justamente a complexidade dos problemas que os torna merecedores de atenção. Segundo, porque a simplificação tem efeitos colaterais indesejados. Versões simplificadas do mundo ajudam a organizar as ideias, mas versões simplistas demais organizam ideias erradas.

Terceiro, porque simplificar é uma arte, e eu terminei hesitante este livro, me perguntando se fui capaz de dominar essa arte.

É preciso dizer que o livro anda por caminhos que foram abertos por muitas pessoas. Todas as ideias que estão aqui vieram de algum outro lugar. São ideias polidas geração após geração em campos bastante diversos do conhecimento, e recuperar suas origens com rigor constitui uma tarefa ambiciosa demais para esta obra cumprir. Mais fácil é identificar os estudos prévios de onde procedem os dados mencionados. Alguns foram publicados em artigos, outros foram usados para escrever esses artigos, mas não foram publicados na sua integralidade. Sempre que possível, tento identificar a fonte de tais dados em notas numeradas. No fim do volume, apresento meus agradecimentos a pessoas que tiveram papel importante nas ideias aqui debatidas.

DESIGUAL

A desigualdade está concentrada no topo

Embora seja muito difícil medir condições sociais no passado distante, alguns pesquisadores encontraram soluções bem engenhosas para isso. Uma delas envolve usar registros da altura dos soldados. Soldados, historicamente, são pessoas jovens, de classes baixas, e sua altura é fortemente afetada por alimentação e saúde, deles próprios na infância e de suas mães durante a gestação. Dados como esses têm seus limites. Por exemplo, não dão noção do que aconteceu com as mulheres, o que faz diferença quando há fome, pois a discriminação se expressa até na alimentação e para elas acaba havendo menos comida. Existem também outras fontes de dados antropométricos, como registros do tráfico de escravos, que já foram usados para avaliar condições sociais. As dificuldades são grandes, e as populações, sempre limitadas. Porém, apesar de todos os problemas, Japão, Estados Unidos e alguns países europeus são capazes de seguir até 250 anos de história com esses dados.[1]

A coisa é um pouco mais complicada do que simplesmente encontrar anotações da altura dos indivíduos. Quando se comparam as dinâmicas da altura de populações, múltiplos fatores interessam: o nível de partida, o ponto de chegada, as variações individuais e a velocidade das mudanças. A genética joga seu papel na altura individual das pessoas, mas aumentos de alturas médias nesses registros indicam melhoria nas condições sociais de uma geração a outra. As causas de mudança são diversas, e importa muito como elas se distribuem por toda a população. No entanto, simplificando bastante, povo mais alto significa povo mais rico.

Avaliar o que aconteceu no mundo todo é muito difícil. Até o momento, só comparações locais de alturas cobrem períodos tão longos quanto dois séculos. Há, todavia, uma estimativa para a população global que cobre um século. Um esforço enorme de compilação de estudos pôde estimar mudanças nas estaturas ocorridas em todo o mundo entre os séculos XIX e XX — mais exatamente, coortes de adultos nascidas entre 1896 e 1996.[2] Tais comparações incluem dados para homens e mulheres na América Latina, região onde as pessoas mais cresceram nesses cem anos. Homens ganharam entre 10 cm e 14 cm, mulheres entre 10 cm e 11 cm. Abra os dedos e olhe para sua mão, pois essa mudança dá perto de meio palmo. Bem, se você está pensando que isso depende da mão, lembre-se de que o palmo foi uma medida padronizada no Brasil colonial, usada antes do sistema métrico, e equivalia a 22 cm.

Quanto mais recentes as comparações, melhores os dados. Os brasileiros são um dos povos que mais cresceram entre 1985 e 2020, algo como 4 cm a 5 cm, na média.[3] Isso equivale a um quarto de palmo em três décadas e meia. Foi uma mudança grande, por trás da qual estão melhorias generalizadas no sistema de saúde e saneamento e no acesso da população a alimentação de qualidade. Em 2008 as estaturas medianas de mulheres e homens de dezenove anos eram, respectivamente, 1,61 m e 1,72 m, segundo dados do Instituto Brasileiro de Geografia e Estatística (IBGE).[4]

Pense em uma cobra imensa como a sucuri. *Suku'ri*, em tupi, significa "morde rápido". Trata-se de uma das cobras mais longas do mundo. Seu comprimento chega a cerca de 6 m. Isso equivale a algo entre três e quatro jovens brasileiros medianos deitados em fila, já considerando o estirão de estatura das últimas décadas. É mais que um elefante de 5 m de comprimento, mas menos que um tiranossauro de 12 m. Todos esses animais são pequenos quando comparados a uma baleia-azul.

A desigualdade brasileira é colossal. Se você tem alguma dificuldade em dimensioná-la, imagine que você sai para comprar pão e encontra uma baleia-azul na fila da padaria. Bem maior que o tiranossauro que está na frente dela. Muito maior que a sucuri e o elefante, mais adiante na fila. Uma baleia dessas pode ter 30 m de comprimento. Você não chega a 2 m. Por isso, preste atenção: a diferença de comprimento entre você e a baleia-azul é bem menor que a diferença de renda entre uma pessoa no 1% mais rico e qualquer adulto na metade mais pobre da população. Como comprimento não é volume, visualize uma sucuri de 30 m parada na fila; uma imagem mais apropriada. É desse nível de desigualdade que se está falando.

Resumindo: o Brasil se caracteriza por uma grande massa de pessoas de renda baixa que difere de um grupo pequeno de pessoas bem mais ricas que as demais. A massa de baixa renda é relativamente uniforme. Há diferenças dentro dela, mas são pequenas quando comparadas ao que se vê em partes mais altas da distribuição. Já no topo, a cena muda. Há muita diferença entre os mais ricos.

Descrever a desigualdade pode ser um pouco cansativo. Mas peço um pouquinho de paciência, porque é importante. A descrição começa na base da pirâmide, muito longe de onde estão as sucuris e as baleias-azuis. Começar pela base tem uma vantagem, pois, para mostrar o que acontece aí, é necessário apresentar algumas noções fundamentais da análise da desigualdade.

Cerca de um quinto dos adultos do Brasil não possui renda monetária alguma. Isso se refere à renda da pessoa (adulto), não à renda por pessoa (renda familiar per capita), e inclui os adultos sem renda.[5] Numa população de pouco mais de 160 milhões de pessoas com mais de dezoito anos em 2022, esse grupo equivale a quase 30 milhões de adultos. Nele estão muitas pessoas que fazem apenas trabalho não pago para o cuidado das famílias — mulheres, em sua maioria —, ou ainda estudantes, desempregados e algumas idosas e idosos.

Isso significa que um quinto da população é extremamente pobre? Não. Aqui vem uma primeira noção importante: a de que não existe uma desigualdade, mas várias desigualdades. É mais ou menos como "liberdade", termo geral que usamos para fazer referência a inúmeras coisas diferentes. Siga o raciocínio. Falar de desigualdade é uma forma de descrever o mundo, e se pode descrever o mundo por diversos ângulos; falar de desigualdades educacionais, digamos. Mas, para não deixar a baleia submergir, vamos ficar na renda. A distribuição de renda é um ordenamento de pessoas, das mais pobres às mais ricas. É possível ordenar as pessoas por diferentes tipos de renda: a renda dos adultos, a renda do trabalho, a renda do capital, a renda familiar total, e assim por diante. Cada ângulo traz uma informação diferente, não existe uma "maneira certa de olhar", porque o mundo é muito complexo para ser descrito a partir de um ângulo só.

A consequência disso é que algumas distribuições de renda podem não trazer a informação que você procura. A distribuição da renda do trabalho permite ver quais trabalhadores ganham pouco e quais ganham muito, mas não diz nada sobre os desempregados, por exemplo. A distribuição de todas as rendas dos adultos inclui os desempregados, mas não permite conclusões mais fortes sobre pobreza, porque definimos pobreza a partir das rendas familiares, e não das rendas individuais. Repetindo, não existe uma desigualdade, mas várias desigualdades. Cada distribuição mostra um ângulo da sociedade.

Por isso, aqueles que estão na base da distribuição da renda dos adultos não são, necessariamente, pobres, porque podem estar vivendo em famílias de renda mais alta. Aliás, o número de famílias pobres no Brasil é muito grande, mas a quantidade de pessoas em famílias inteiras sem renda alguma é bem menor, equivalendo a cerca de 1%.

Em termos genéricos a regra é "toda distribuição se refere a uma população". Quando se computa a desigualdade na renda do trabalho, a população de referência é a dos trabalhadores, fica de fora quem não trabalha. Já no caso do cômputo da renda familiar, quem não trabalha entra na conta, mas quem não vive em uma "família" fica fora. Mais exatamente, quem não vive em um domicílio particular permanente não tem dados de renda coletados, porque o termo "família" refere-se a conceitos distintos.[6]

Há famílias formadas por uma única pessoa. Quem generaliza de seu campo de visão para o mundo maior tende a concluir que, se uma pessoa que vive só também é família, então todo mundo vive em famílias. Não é bem assim, pois há gente que não vive em domicílios, como as pessoas em situação de rua. Eram algo em torno de 100 mil pessoas em 2015, o que equivale a 0,05% da população.[7] Antes de pensar que esse é um número sem importância, reflita sobre um dado: dobre o número e terá a população de trabalhadores com doutorado no país. Arredondando, para cada dois doutores há uma pessoa em situação de rua.

Além disso, saiba que existe um grupo aproximadamente oito vezes maior, fora do campo de visão, que tem impacto mais forte nas contas: a população carcerária. Essa população no Brasil é desproporcionalmente grande, algo perto de 0,5% dos adultos. Para cada doutor há quase quatro presos. Quase todas as análises de desigualdade ignoram tal população, pois os levantamentos de dados são, majoritariamente, domiciliares, e presídio não é um domicílio particular. À primeira vista, 0,5% não parece relevante. Mas meio por cento é um número muito grande de pessoas. Se esse sumiço se desse entre as baleias-azuis, os mais ricos, ignorar meio por cento dos adultos faria desaparecer mais renda do que dois terços mais pobres da população conseguem acumular. É uma população que só não recebe muita atenção porque é pobre e não é azul: é negra.

Com essas noções fundamentais fica mais fácil voltar para a descrição. Um quinto dos adultos não tem renda. O grupo que vai de um quinto a um terço é um conjunto de pessoas com rendas baixas. São quase 22 milhões de pessoas. Todas têm renda bem inferior a um salário mínimo mensal. Há nesse grupo muitos trabalhadores que estão predominantemente no setor informal, ou que oscilam entre os setores formal e informal. Estamos falando da renda de adultos, isso é diferente de falar da renda de famílias, mas muitos estão em famílias pobres. Ou seja, na distribuição da renda entre os adultos, que é o que estamos descrevendo, o terço de população com renda mais baixa mistura gente de renda familiar muito baixa com gente de renda mais alta. Mas não pense que há bastante gente rica nesse grupo, pois a quantidade de gente rica no país é bem pequena.

O grupo seguinte é de gente muito parecida. De um terço até os dois terços mais pobres, os adultos são extremamente homogêneos e sua renda é relativamente baixa. Há quem divida essa população em grupos menores, décimos de população, por exemplo, e use tal informação para pensar políticas. Ocorre que essa subdivisão raramente faz sentido, acaba separando gente que é muito parecida. Em números, dos 33% aos 66% dos adultos, a renda não chega a dobrar; vai, no máximo, a R$ 21 mil anuais. Os valores aqui são anuais porque misturam trabalhadores do setor informal, que não recebem décimo terceiro salário, com os empregados e aposentados que o recebem, inclusive os que oscilam de um lado a outro. Mas se você aceitar aproximações, basta dividir tudo por doze para obter os valores mensais.

Até chegar a 80% a população segue sendo bastante homogênea. De 33% a 80%, por exemplo, a renda apenas triplica. "Apenas", porque a verdadeira desigualdade ainda não começou. Ou seja, depois do terço mais pobre dos adultos, que mistura gente um tanto diferente, há um grupo intermediário, com tamanho equivalente a 50% da população adulta do Brasil, que é bem pouco desigual. É a grande massa homogênea de população de renda mais baixa.

Essa homogeneidade não deve ser desprezada, pois ela tem algumas implicações para o desenho de políticas. Poderá resultar em medidas profundamente injustas uma focalização agressiva de programas sociais que ignore não só que 80% da população tem renda relativamente baixa, mas também que forma um grupo tão homogêneo que sua subdivisão corre o risco de ser artificial demais.

É chegando perto dos 80% mais ricos que se encontra a renda média. Não confunda a *média* com "o que as pessoas geralmente ganham". Renda não é estatura, as diferenças são enormes. A grande massa da população brasileira vive abaixo da média. A média é muito influenciada pelas rendas no topo, e isso varia conforme as fontes de dados e distribuição analisadas, mas, no geral, pelo menos entre 75% e 80% da população adulta está abaixo da renda média dos adultos. O brasileiro médio não pertence a uma elite, mas ganha perto do dobro do que ganha o brasileiro mediano, a pessoa na metade exata da população. Em valores absolutos, de maio de 2021, a média da renda dos adultos é de aproximadamente R$ 33 mil por ano, mais que o dobro dos R$ 14 mil anuais da renda mediana.[8]

Aliás, por causa das características da distribuição de renda no Brasil, o que expressa de forma muito melhor "o que as pessoas geralmente ganham" não é a média, mas a mediana. A mediana é o ponto que divide a população em duas partes iguais. Você se lembra de que de 33% a 80% a população é bastante homogênea? Pois bem, a mediana, o ponto dos 50%, é melhor do que a média para descrever aquilo que acontece com a maioria das pessoas, que é viver com renda um pouco acima de R$ 1000 por mês.

A desigualdade aumenta quando a renda sobe. No início, lentamente, dos cerca de 66% até os 90%. A renda de uma pessoa nos 90% gira em torno de R$ 50 mil por ano. Isso equivale a um salário aproximado de R$ 3800 mensais de um trabalhador formal, que recebe décimo terceiro e adicional de férias, e não é muito mais que o dobro da renda de uma pessoa nos 66%. Embora já seja quatro vezes mais que a renda de quem está nos 33%, ainda não é muito. Portanto, até os 90% a homogeneidade é razoável, sobretudo porque os primeiros 20% são de adultos sem renda. Se o Brasil parasse aí, seria um país aceitavelmente igualitário.

Resumindo, temos um quinto dos adultos sem renda, de um quinto a um terço com rendas abaixo de um salário mínimo mensal e, até completar dois terços, pessoas com renda relativamente baixa. Daí até 80%, que são quatro quintos, é um grupo ainda pouco desigual. A desigualdade aumenta um tanto a partir desse ponto, mesmo assim nada que chame atenção. Do ponto de vista normativo, a desigualdade nos 90% mais pobres do Brasil não é um problema muito preocupante.

É no topo que a desigualdade fica muito mais alta. Especialmente quando as contas são feitas usando-se dados do Imposto de Renda combinados aos das Pesquisas Nacionais por Amostra de Domicílio (PNADS). Um adulto nos 95% tem renda quase oito vezes maior que um nos 33%; nos 99%, quase trinta vezes maior. É uma diferença muito grande, muito maior que a variação de comprimento entre você e a baleia-azul na fila do pão.

Uma forma de perceber isso é pensar em tempo. Pense em quanto você precisa para chegar bem ao fim do mês. Agora pense em quanto vai precisar para gastar em dois anos. Sério. Pare de ler, feche os olhos e faça umas contas rápidas; vai ajudar a dimensionar as coisas: de quanto você precisará em dois anos?

Pois bem, metade da população brasileira levaria pelo menos dois anos para receber o que o mais pobre do 1% mais rico recebe em um mês. A pessoa mais pobre dentro do 1%, não a mais rica do país. A partir daí, dentro do 1% mais rico, a desigualdade dispara. O 1% mais rico é um grupo de pouco mais de 1,5 milhão de pessoas que ganham, no mínimo, R$ 340 mil por ano,[9] mas as rendas maiores nesse grupo vão muito além disso. É a pequena porém rica elite que se separa da grande massa de baixa renda.

O topo é tão mais rico que o restante, mas tão mais rico, que é desigual até mesmo em relação às rendas mais altas. O 1% mais rico, por exemplo, é sete vezes mais rico que aqueles que estão no começo dos 10% mais ricos. Para se ter uma ideia, se for seguido o sentido contrário, dos 90% (10% mais ricos) aos mais pobres, a razão de um para sete só será encontrada perto dos 27%. Ou seja, a assimetria cresce tão rápido que, para se achar a desigualdade que se vê em 9% das pessoas mais ricas, é preciso descer quase dois terços da população na direção dos mais pobres.

É claro que desigual é desigual em relação a alguém. Mas o problema não está na base mais pobre da pirâmide. Mesmo que a metade mais pobre do Brasil não existisse, o país ainda seria bastante desigual. Se a renda da metade mais pobre fosse duplicada, também. Quanto, exatamente, varia conforme o índice de desigualdade. Quando medida pelo coeficiente de Gini, a desigualdade não cai mais de 10% depois da duplicação.[10,11] A conclusão é muito simples: o Brasil é extremamente desigual e a desigualdade está concentrada no topo.

Poucos têm muito, muitos têm pouco

Nós manuseamos dinheiro continuamente. Talvez isso não dure muito, mas ainda manuseamos dinheiro para fazer compras e receber troco. Você deve ter uma nota de dinheiro por perto. Você viu tantas na vida que tem uma memória detalhada delas, não é? Faça um experimento. Não abra a carteira. Feche os olhos e lembre-se dos detalhes de uma cédula que você viu centenas, milhares de vezes. Há desenhos nela? Quais desenhos? Há uma face? Para que lado a face está olhando? São memórias fáceis de recuperar? Não são. Talvez nem sequer sejam memórias.

Há pesquisa sobre isso.[1] Ela mostra que a maior parte das pessoas, embora não acredite, tem uma memória pobre de coisas muito familiares. No geral as pessoas tendem a memorizar apenas informação seletiva. Lembrar aquilo que se destaca e é útil. Por exemplo, a cor das notas, já que a cor tem mais serventia para operações cotidianas do que o lado para o qual a face da nota está olhando. Às vezes, nem sequer a cor, pois temos a memória de que a nota possui um número que representa seu valor, e isso basta para pagar e receber.

Agora imagine uma aula expositiva. Quando prestamos atenção em uma aula não procuramos memorizar cada gesto e cada palavra. Ao contrário, processamos continuamente as informações que recebemos e tentamos reter apenas aquelas que parecem mais importantes. Notas de aula são um instrumento para essa retenção. Ou seja, numa aula, jogamos fora uma quantidade enorme de informação, deixamos de lado uma riqueza imensa de detalhes e nos atemos a um esquema simplificado, porém significativo, de tudo aquilo a que assistimos. A memória é resultado de um processo de interpretação e seleção. O que memorizamos bem é um conjunto de informações pequeno mas muito relevante, e um esquema de interpretação no qual esse conjunto se encaixa.

No início de uma tarde do final do ano 79 da Era Moderna, o Império Romano tremeu. Na baía de Nápoles o monte Vesúvio entrou numa erupção enorme, lançando uma mistura de gases, rocha derretida e cinzas ferventes a uma altitude de quase 30 km. A força da erupção era equivalente a 100 mil vezes a força da explosão das bombas que destruíram Hiroshima e Nagasaki. As nuvens mortais destruíram as cidades de Pompeia e Herculano.

Gaius Plinius Secundus, conhecido como Plínio, o Velho, comandava a frota naval romana atracada do outro lado da baía. Plínio ordenou imediatamente uma missão de resgate e partiu com seus navios. Morreu na tentativa, aos 56 anos de idade. Entretanto, muito mais que comandante naval, Plínio foi um dos maiores pensadores de seu tempo. Dois anos antes concluiu seu último grande trabalho, *Naturalis historia*, uma compilação enciclopédica de conhecimentos disponíveis em seu tempo. A obra cobre campos como arte, botânica, zoologia, astronomia, geologia e... memória.

O parágrafo 88 do capítulo 24 do livro 7 do primeiro tomo de *Naturalis historia*, de Plínio, o Velho, começa enumerando façanhas de memória: o rei Ciro, "que sabia o nome de todos os soldados de seu exército", e Lúcio Cipião, "que sabia o nome de todo o povo romano". O parágrafo seguinte lembra Charmadas de Atenas, "que sabia o nome dos autores de todos os livros jamais escritos", e ressalta que a arte da memória foi elevada à perfeição por Metrodoro de Escépcis. Esse parágrafo termina com *ut nihil non iisdem verbis redderetur auditum*", que significa "para que tudo possa ser repetido exatamente com as mesmas palavras".

A cláusula é repetida exatamente com as mesmas palavras por Ireneo Funes, que não sabia latim e leu o livro uma única vez. O jovem uruguaio Ireneo Funes é o personagem principal do conto "Funes, o Memorioso", de Jorge Luis Borges, publicado pela primeira vez em 1942 no jornal *La Nación*. Funes, que desenvolveu uma memória prodigiosa depois de cair de um cavalo, recordava-se de cada folha de cada árvore de cada monte que vira.

Funes era um mestre do rigor, das minúcias, dos detalhes. "Era o solitário e lúcido espectador de um mundo multiforme, instantâneo e quase intoleravelmente preciso", diz o narrador do conto. No entanto, ele suspeita que Funes era incapaz de pensar. Pensar não é memorizar. "Pensar é esquecer diferenças, é generalizar, abstrair."

Entender a desigualdade de renda envolve generalizar e abstrair. Uma população é cheia de detalhes e minúcias. Uma distribuição de renda é um conjunto de milhões de pontos. Às vezes convém reduzir esses milhões de pontos a um ponto só, que representa todos eles. É o que fazemos para obter uma média, por exemplo. Calculamos um único número a partir de milhões de outros números. Sempre que fazemos isso, perdemos muita informação. Medidas de desigualdade, como o coeficiente de Gini, fazem algo parecido. Elas sintetizam as diferenças na distribuição de milhões de valores num único valor, o índice de desigualdade.

Ocorre que ocasionalmente isso implica renunciar a um volume grande demais de informação. Um efeito colateral de usar medidas que sintetizam uma distribuição é terminar com uma descrição pobre do assunto. Se é pobre, não permite entender bem o que está acontecendo. Por vezes é tão pobre que pode levar a conclusões erradas.

Mas a notícia alentadora é que com um número relativamente pequeno de pontos é possível ter uma ideia bastante razoável de uma distribuição de renda. Mais bem dito, com uma quantidade relativamente pequena de informação é possível ter um bom esquema de interpretação da desigualdade na população. Se essa quantidade for pequena e relevante o suficiente, é possível até mesmo memorizar alguns traços fundamentais da distribuição.

Sobre desigualdade, já sabemos que o Brasil se caracteriza por uma grande massa homogênea de pessoas de renda baixa que difere de um grupo pequeno e bastante heterogêneo de pessoas muito mais ricas que as demais. É importante entender também como essa desigualdade se traduz numa concentração de renda. A ideia de *concentração* equivale mais ou menos a "de quanto da renda total se apropria cada pessoa".

No Brasil, poucos têm muito, muitos têm pouco. A desigualdade enorme se traduz numa grande concentração da renda no topo. Usando recursos mnemônicos, fica fácil memorizar os valores aproximados: "1 em 5 no 0,5", R$ 1 em cada R$ 5 é apropriado pelo 0,5% mais rico do país; "50 nos 5", quase 50% da renda está nos 5% mais ricos. Se você ler isso como quem canta, fica ainda mais fácil lembrar, pois a memória responde bem à música.

Há uma aritmética mnemônica que mostra uma assimetria cruel: é preciso reunir os 95% mais pobres para alcançar a renda dos 5% mais ricos.[2] A metade mais pobre, mesmo reunida, mal alcança a renda do 0,1% mais rico, o que não gera uma regrinha, porém é útil ter na memória. Essas são aproximações, os números não são exatamente esses, mas você não é Funes, o Memorioso, para se perder nos detalhes.

As proporções são menores se a conta for feita apenas com os adultos que têm renda ou com dados de pesquisas que subestimam a renda no topo. Também podem ser diferentes se for computada a distribuição de serviços públicos a ricos e pobres. Todavia, o diagnóstico de extrema concentração não se altera.

A concentração é tão grande que uma distribuição hipotética de metade da renda do 1% mais rico seria suficiente para quase dobrar a renda da metade mais pobre dos adultos. E isso mesmo em dados que podem subestimar rendas no topo, como os da Amostra do Censo Demográfico. É claro que tal exercício de redistribuição é apenas hipotético, na prática não seria tão simples antecipar os efeitos de uma política desse tipo. Isso porque não existe política redistributiva precisa, de custo zero e, nessa escala, sem que as pessoas mudem seu comportamento e sem que a economia como um todo responda com uma mudança do que é produzido e de quanto é produzido. Também é bom lembrar que o dobro de muito pouco ainda é pouco. Mas o que interessa neste exemplo não é a precisão nem a exatidão de detalhes, e sim ilustrar a magnitude da concentração de renda no Brasil.

O que importa é construir uma interpretação dessa concentração que possa ser lembrada facilmente. A interpretação é que, para reduzir a desigualdade, a atenção deve ser dada aos ricos, não aos pobres. Os pobres não são tão diferentes da grande massa de baixa renda da população brasileira. É bom repetir, para cravar a ideia na memória: os pobres não são muito diferentes da grande massa de pessoas de baixa renda. Boa parcela da renda está concentrada nos mais ricos e, por isso, a maior parte da desigualdade é dada pelas diferenças dentro dos mais ricos e entre os ricos e os demais.

Os nomes das classes importam

O primeiro humano foi um homem ou uma mulher? Não é preciso pensar sequer um minuto sobre a questão para concluir que ela não faz muito sentido. Uma espécie não "surge", no sentido de um mito religioso de criação; ela deriva de espécies anteriores, num processo de isolamento e cruzamento de indivíduos e grupos ao longo de muito tempo, com algumas extinções no meio do caminho. É uma história que dá alguns saltos estarrecedores, mas que em sua maior parte está mais para um filme monótono do que para uma aventura de tirar o fôlego. Não existe uma fronteira clara na transição de uma espécie a outra; rigorosamente falando, uma espécie é apenas uma classificação. A classificação surge, a espécie não.

É por isso que ninguém sabe dizer exatamente quando surgiram os humanos modernos. Eles simplesmente jamais "surgiram". São não mais que uma derivação, um novo "surgimento" a cada geração. O que se sabe é uma data razoável para os fósseis mais antigos de animais que foram classificados como humanos modernos. Eles têm pouco menos de 300 mil anos. Os fósseis de lobos modernos têm a mesma idade.

Para colocar isso em perspectiva, as Pirâmides de Gizé, no Egito, têm seus 4500 anos. Em Drogheda, na Irlanda, fica Newgrange, um monumento ainda mais antigo que as Pirâmides, construído no período Neolítico, cerca de 5200 anos atrás. Nesse monumento há câmaras subterrâneas com ossos de animais. Numa delas os arqueólogos encontraram ossos de um cão, os quais forneceram parte do genoma necessário para mudar os rumos de uma controvérsia antiga: quando "surgiram" os cães.

Os cães derivam de lobos ou, mais exatamente, cães e lobos modernos derivam de ancestrais que são classificados como lobos nos últimos 300 mil anos.[1] A controvérsia ainda não está assentada, mas tudo indica que a divergência entre cães e lobos foi acelerada pela domesticação dos cães. E, pelo que sugerem análises de genoma, não houve uma, mas duas significativas domesticações entre 18 mil e 33 mil anos atrás. Os cães modernos "surgiram" duas vezes, formaram dinastias independentes que só depois de muito tempo se cruzaram.

A divisão dos animais em espécies tenta seguir critérios gerais, tal qual "define-se como espécie o grupo de seres vivos capaz de se reproduzir em descendentes férteis e viáveis". Embora sejam repetidos mecanicamente até hoje, os critérios de interfertilidade e viabilidade são por demais limitados.[2] O que está por trás disso é algo muito maior do que regras corretas; é a própria noção do que significa uma espécie e para que essa classificação deve servir. Às vezes convém não seguir os critérios à risca: cães, lobos e coiotes se cruzam e produzem descendentes viáveis, mas com frequência são classificados em espécies distintas.[3]

Há motivos — de expressão comportamental, por exemplo — para buscar a separação entre cães e lobos. Mas também há motivos — de similaridade genética, neste caso — para defender que os cães são apenas uma subespécie dos lobos. Os casos na fronteira são sempre difíceis de classificar e a decisão depende muito dos propósitos para os quais a classificação será usada.

Não está errado dizer que o cão fofinho do vizinho é um lobo domesticado. Trata-se de uma questão de definição. No entanto, ninguém tenta incluir no contrato de aluguel de um apartamento uma cláusula dizendo que pretende levar dois lobos para morar com a família, "de acordo com minha definição de lobo". Nomes importam porque a divisão em classes tem significado, e esse significado pode ter várias implicações, até mesmo políticas. Não é uma pessoa razoável quem disser que quer trazer um lobo para morar no apartamento, mesmo que as regras de classificação de cães como um subgrupo dos lobos pareçam lógicas e bem fundamentadas. Se essas regras produzirem classes que se desviam demais do conteúdo substantivo do que está em discussão, elas não são boas para guiar o debate político: para os vizinhos, cachorro é cachorro, lobo é lobo, e as decisões de convivência vão ser tomadas em função disso.

Por motivos análogos é prudente ter cautela com as definições de criança, pobre, desempregado, desempenho escolar e muitas outras. Essa prudência abrange fundamentar razoavelmente as definições e explicitar, se possível, o impacto do uso dessas definições específicas em contraste com definições alternativas, inclusive as que prevalecem fora da academia.

Classificamos para dar alguma ordem ao caos. Damos ordem ao caos para entender e operar o mundo. Nesse processo, usamos classes para comunicar ideias. A classificação não é uma questão de escolha, um problema apenas técnico ou um exercício compulsivo de lógica. Por suas implicações, os esquemas de classificação também são políticos, no sentido de que orientam decisões no espaço público. Buscamos princípios gerais para orientar classificações, mas nem sempre esses princípios dão conta dos problemas que precisamos enfrentar. Às vezes flexibilizar os princípios pode ser mais útil do que segui-los obsessivamente.

Toda classificação é instrumental. Isso se aplica também a toda discussão sobre classes sociais. Classes são ferramentas para algum propósito e são avaliadas em função de sua utilidade para esse propósito. Ocorre que muitas vezes tal propósito não é apenas a pesquisa, e todos têm o dever de saber isso. Não é raro que a pesquisa sobre desigualdade social saia do ambiente controlado da academia para o campo mais amplo da política. Quando isso acontece, a terminologia usada importa. Aliás, não é só a terminologia, é todo o esquema de classificação social — número de classes, regras de classificação etc. —, mas isso é assunto para o próximo capítulo.

Terminologia tem impacto real. Com frequência a cultura política e a estrutura jurídica são organizadas em torno de termos que têm definição mais vaga e diferente das definições usadas em pesquisa. A política baseada em pesquisa faz a tradução de um lado a outro o tempo todo. A obrigação de controle dessa tradução cabe aos dois lados, pesquisadores e políticos — os quais, em alguma medida, são a mesma pessoa. Por isso, um pesquisador da desigualdade que deseja contribuir para o debate público não deve se eximir de suas responsabilidades, assim como um formulador de políticas que deseja se basear em pesquisa não deve ignorar que em algum grau a pesquisa não é neutra em suas consequências.

Tanto a terminologia traz impacto real que pesquisadores rapidamente incorporam na nomenclatura de suas classes termos que possuem significado político substantivo. Usam termos como "pobres" e não "Classe C1", por exemplo. E isso não surpreende, pois a apropriação política de uma frase como "a pobreza é maior entre as crianças" é bem diferente da forma como é tratada a frase "a incidência de pessoas da classe C1 é maior no grupo etário E1", ainda quando as definições de Classe C1 e Pobreza, ou Grupo Etário E1 e Crianças, são idênticas. O termo "pobre" mobiliza sentimentos e se encaixa na cultura política, o termo "Classe C1" não.

Isso não quer dizer que existe um esquema único, correto, de classificação de pessoas. Significa que os termos usados precisam evocar ideias consistentes com o debate político a que se referem. Podem divergir, mas se divergem dessas ideias, devem, preferencialmente, ser explícitos em relação a isso e, melhor ainda, apresentar seus motivos para a diferença. Se o objetivo é franqueza e diálogo, a terminologia deve ser motivada por uma combinação de clareza, precisão e referência às ideias precedentes. O importante é não colocar o lobo — ou cão — na pele do cordeiro.

Debates longos já foram travados no Brasil sobre quem é rico, pobre ou classe média. Nesses debates, uma crítica muito importante é a de que em alguns esquemas de classe a preocupação com uma justificativa razoável das nomenclaturas de classe foi praticamente nula, como se a definição de nomear classes fosse apenas um problema técnico. A crítica está correta. O problema é político antes de ser metodológico. O desenho e a avaliação de nossas políticas sociais perdem quando isso é ignorado. Não é uma questão de simples escolha. Para enfrentar problemas concretos, cachorro não é "lobo, de acordo com minha definição".

O fato de toda terminologia conter alguma arbitrariedade em sua origem não significa que o sentido dos termos pode ser modificado de forma totalmente arbitrária. O debate político numa sociedade com frequência perde mais do que ganha com isso. Uma definição nesse contexto não é uma definição inocente. Em política, alguns termos são ferramentas de poder. Tanto que a melhor resposta para o argumento: "Não vamos brigar por palavras" costuma ser: "Tem razão, vamos usar as minhas".

Classes: Refinar no topo é melhor

Num planeta que gira constantemente em torno de si, um dia "começa"? E, se começa, quando começa? Se o meio-dia é o meio do dia, então o dia começa à meia-noite. Mas se o dia começa à noite, o certo não seria desejar bom-dia para quem vai dormir de madrugada?

"Dia" significa "separação", como em "diáspora". No giro contínuo da Terra, um dia, para começar, precisa de um ponto de referência. Esse ponto de referência é o Sol. A evidência observada para definir o ciclo de um dia é a luz solar. Os primeiros relógios do mundo eram relógios de sol ou, mais exatamente, de sombra. Quanto à definição de que um dia começa à meia-noite, ela nem sempre foi consensual. Culturas inteiras estabeleceram o começo do dia no pôr do sol, outras no nascer do sol; nestas últimas, dar bom-dia aos vizinhos no começo da manhã é algo extremamente coerente. Na verdade, é possível determinar que um dia começa no pôr do sol, mas que a contagem das horas começa no nascer do sol. É um pouco estranho, porém era uma prática comum há 2 mil anos.

Num dia que começa com o nascer do sol, a contagem das horas é diferente. Meio-dia é o momento de pico do sol. Nele o relógio de sombra não projeta sombra.[1] No meio do tempo entre um meio-dia e outro está a meia-noite. Num dia que começa à meia-noite, a primeira hora é a hora passada a partir dela. Mas num dia que começa no nascer do sol, a primeira hora é a passada a partir desse evento, por convenção, seis horas antes do meio-dia. Por isso, o meio-dia é chamado "sexta hora" nesse esquema de horários. A nona hora equivaleria à décima quinta hora do dia que começa à meia-noite. Na forma que medimos horas hoje, a nona hora seriam as três da tarde.

O Evangelho de Mateus relata que na nona hora do dia de sua crucificação Jesus disse: "*Eli, Eli, lamá sabactâni?*", que em aramaico significa "Deus, Deus, por que me abandonastes?". Não surpreende. Há 2 mil anos, o aramaico era a língua predominante no Israel atual. Por isso, a língua que Jesus falava no cotidiano provavelmente era aramaico. É bem possível que ele pregasse em aramaico, pois existem passagens bíblicas mencionando isso. Mas também é possível que Jesus também falasse grego, pois o multilinguismo era muito comum na época.

Isso abriu espaço para uma controvérsia que envolve cordas e camelos. Quem entende de tradução diz que em aramaico o termo *gamál* podia significar "camelo" ou "corda grossa". Em grego, *kamilos* eram as cordas, *kamelos* os animais. A fonética e a grafia são muito parecidas nos dois casos. Há quem afirme que Jesus não disse: "É mais fácil passar um camelo pelo buraco de uma agulha que um rico entrar no Reino dos Céus"; não era "camelo", mas "corda", o que ele havia dito em aramaico e deveria ter sido registrado em grego cerca de cinquenta anos depois, quando o Evangelho foi escrito.[2]

Há toda uma discussão sobre o significado dessa afirmação, e parte dela passa não pela polêmica da corda e do camelo, mas pelo conteúdo do termo "rico". O que decerto Jesus não disse foi: "É mais fácil passar um camelo pelo buraco de uma agulha que uma pessoa acima do limite dado pelo quantil 80% da distribuição de renda pessoal de todas as fontes entre adultos entrar no Reino dos Céus". A frase original é uma afirmação de conteúdo moral e político e, como praticamente toda a filosofia política, não está preocupada com detalhes técnicos. Também é seguro dizer que Jesus não queria que sua ideia fosse distorcida por uma definição externa de ricos distante demais de sua própria noção de classes sociais. Não é Jesus quem tem que se adaptar a uma linha de riqueza; neste caso, é uma linha que deve se adaptar à filosofia de Jesus.

Aceitar ou não uma noção de 2 mil anos atrás é outra discussão. O que importa é que o agrupamento das pessoas em classes sociais não é "apenas uma decisão técnica como outra qualquer". Como tudo no estudo da desigualdade, esse agrupamento reflete decisões políticas, ainda que elas não sejam explícitas. E não é sem razão: a escolha de identificar classes de uma forma específica tem implicações concretas. O problema não está apenas na terminologia usada, está também na forma como as classes são definidas.

Quem não consegue ver isso pode fazer um exercício simples. Pobres são uma classe. Quase todo mundo quer erradicar a pobreza. Quase todo mundo quer saber melhor o que é preciso para tanto. Defina como pobre 0,1% da população. Que medida erradica essa pobreza? Caridade privada será suficiente. Agora defina como pobre 99,9% da população. A medida recomendada é uma revolução.

Ou seja, a forma como pesquisas dividem a sociedade em classes tem implicações práticas, pois pesquisa em desigualdade é usada para definir políticas. Quando se coloca uma pessoa numa classe, a tendência é que essa pessoa passe a ser vista como todas as demais pessoas que estão naquela classe e, em alguns casos, passe a ser tratada do mesmo modo pelas políticas.

Qual é a diferença substantiva entre uma pessoa um centavo abaixo da linha de renda que decide os benefícios da assistência social e outra um centavo acima? Em renda, irrelevante, mas a classificação elegível e não elegível tem impactos concretos na vida das pessoas. Elas passam ou não pelo buraco da agulha dos critérios de elegibilidade de programas sociais. Alguns programas chegam a ser desenhados tendo classes em mente, por isso o assunto não é apenas um detalhe acadêmico.

Não existem regras unânimes para definir classes, mas há alguns princípios que ajudam muito. O primeiro deles é buscar formar grupos razoavelmente homogêneos internamente e suficientemente heterogêneos externamente, a ponto de ser possível separar os grupos uns dos outros e isso ter alguma relevância. Isso não é tudo, mas já é um bom começo. Classes formadas assim tendem a ser melhores que as de esquemas que não respeitam esse princípio. Em termos de desigualdade de renda, isso implica formar grupos dentro dos quais a desigualdade é razoavelmente baixa e entre os quais a desigualdade é suficientemente alta para a separação. É necessário haver algum equilíbrio — uma classe extremamente desigual internamente talvez precise ser dividida, classes muito parecidas entre si talvez precisem ser fundidas. A necessidade permanece mesmo quando classes são definidas em múltiplas dimensões.

São relativamente comuns as divisões da sociedade em cinco partes, quintos, cada uma contendo 20% da população ordenada segundo a renda. Vale a pena olhar para os dados e verificar em que medida essas classes seguem o princípio recomendado e formam grupos razoavelmente homogêneos internamente e suficientemente heterogêneos externamente.[3] Como mais de 18% dos adultos não têm renda alguma, os 20% mais pobres são bem homogêneos em termos de renda pessoal. Mas, também porque muita gente não tem renda, faz pouco sentido comparar razões dentro dos 20% mais pobres. A diferença entre o mais rico e o mais pobre dentro dessa classe é de R$ 2 mil por ano, o que é bem pouco.

No segundo quinto, dos 20% aos 40% mais pobres, o mais rico ganha quase sete vezes mais que o mais pobre. É bastante, e isso é esperado, porque no começo desse quinto há gente de renda muito baixa. A diferença, no entanto, não é tão grande assim, R$ 11 mil por ano. No terceiro quinto a homogeneidade interna é muito grande, os mais ricos ganhando apenas 40% a mais que os mais pobres, diferenças absolutas de apenas R$ 5 mil por ano. No quarto quinto, dos 60% aos 80% mais pobres, a homogeneidade interna continua alta, os mais ricos não chegam a ganhar o dobro dos mais pobres, a diferença entre eles é de R$ 13 mil por ano. Até aqui, as classes — os quintos — não são tão diferentes assim. As pessoas na fronteira dos 80% ganham pouco mais que o dobro recebido pelas pessoas na fronteira dos 40%, uma diferença de R$ 18 mil anuais.

Nos 20% mais ricos, o último quinto da população, as pessoas mais ricas ganham 193 vezes mais que as pessoas mais pobres dentro dessa classe. Mas esse número elevado pode ser um artefato das técnicas usadas para estimar a distribuição de renda. Uma maneira de contornar tal problema é dividir a população toda em mil partes e retirar da comparação o milésimo mais rico, o que produzirá uma diferença menor. Ainda assim, as pessoas mais ricas ganham 120 vezes mais que as pessoas mais pobres da classe, uma diferença de R$ 3,7 milhões. Mesmo retirando-se os dois milésimos mais ricos, a desigualdade continua grande, 26 vezes a renda dos mais pobres da classe e mais de R$ 1 milhão por ano de diferença. Retirar os cinco milésimos mais ricos, isto é, meio por cento da população? Razão de dezoito vezes, diferença de meio milhão por ano. De qualquer ângulo que se queira ver, e mesmo ignorando-se os extremos, há uma heterogeneidade enorme dentro dessa classe dos 20% mais ricos, quando se compara ao que se observa nas mais pobres.

O que isso quer dizer? Significa que a divisão da população de adultos em quintos gera um esquema de classificação no qual a primeira classe forma um grupo especial sem rendimento, as três classes seguintes são bem homogêneas interna e externamente — a grande massa de população de baixa renda — e a última forma um grupo extremamente heterogêneo, em termos absolutos e relativos. Ou seja, apesar de muito comum, o esquema de estratificação em quintos é ruim para a análise da desigualdade. Tem classes demais na base e classes de menos no topo.

Isso mudaria em outra distribuição. Na distribuição de renda domiciliar per capita, os quatro quintos iniciais, 80% da população, são ainda mais homogêneos que na distribuição entre adultos — ou seja, faz ainda menos sentido subdividi-los demais —, mas o problema da grande desigualdade dentro dos 20% mais ricos persiste. Aliás, persiste até mesmo se a divisão for feita em dez classes iguais, na qual a última seriam os 10% mais ricos. Décimos de população são úteis para alguns propósitos, mas também não constituem uma boa divisão de classes.

Não estamos atados a classes formadas por grupos com o mesmo tamanho. Para ter uma ideia disso, vale a pena ver que é melhor inverter as coisas: em vez de dividir a população em quintos, dividir a renda em quintos.[4] Ou seja, em lugar de olhar para o ponto onde se acumulam 20% da população, buscar o ponto onde se acumulam 20% da renda. A primeira classe, definida pelo quinto de renda recebido pela população mais pobre, é formada por 68% dos adultos. A segunda vai dos 68% a pouco mais de 88% dos indivíduos, ou seja, esses 20% da população recebem cerca de 20% da renda. A terceira chega a 97% da população. O quarto quinto da renda forma uma classe que vai dos 97% aos 99,5%. O 0,5% mais rico forma a última classe, pois detém um quinto de toda a renda. Com uma dose de aproximação — um pouco forçada, é verdade —, essa divisão se assemelha a uma divisão que está se tornando mais comum, cujos pontos de corte são 75%, 90%, 95%, 99% e 99,5%, às vezes com uma classe adicional para o 0,1% mais rico da população.

No topo, onde a divisão por quintos de população identifica uma classe, a divisão por quintos de renda identifica quatro. Na base, onde a divisão por população vê quatro classes, a divisão por renda vê duas. O critério de divisão por frações de população separa os mais pobres e agrega os mais ricos; o critério das frações de renda detalha a diferenciação dos mais ricos.

As classes formadas por quintos de renda são, previsivelmente, muito mais homogêneas internamente, em termos de renda. Na classe mais alta de quintos de renda, as pessoas no topo têm renda sete vezes mais alta que as pessoas no início da classe. Sem contabilizar o milésimo mais alto, a razão não chega a três; era 120 na classificação anterior. Na segunda classe mais alta, a razão também não chega a três. Na terceira, que vai de 88% a 97%, não chega a quatro. Na quarta, fica em dois. Essas classes também tendem a fazer uma distinção melhor dos grupos, de modo a separar as pessoas que são diferentes e juntar grupos que são muito parecidos.

Você não é Funes, o Memorioso, e não precisa se preocupar com esses valores. O que interessa é entender as vantagens de um menor refinamento na base e um maior refinamento no topo. Um esquema de classes não precisa ter cinco classes, e várias análises podem prescindir de classes. Classes, por sua vez, não precisam ter o mesmo tamanho, nem de população, nem de renda, nem de qualquer outra dimensão. O que é bom que classes tenham é um significado razoável. Chamar os 10% mais ricos de "mais ricos" e tratá-los como uma classe única não está totalmente errado — afinal, eles são mesmo os 10% mais ricos —, mas mistura gente muito diferente. Como a maior parte da desigualdade de renda está no topo, é melhor que a maior parte das divisões de classe também esteja lá.

Um problema político

A curva de Lorenz é uma forma de representar graficamente a concentração de renda. A partir de uma curva dessas é possível saber de quanto da renda total cada grupo de população se apropria. Uma medida como "o 1% mais rico se apropria de um quarto de toda a renda" pode ser obtida numa curva de Lorenz.

O nome é uma homenagem a Max Otto Lorenz, que criou a curva a pedido de um professor, em 1905, quando ainda era estudante de doutorado. A curva que o deixou famoso não tinha relação alguma com sua tese, cujo tema, muito importante naquele momento, versava sobre as ferrovias nos Estados Unidos, especificamente sobre como estabelecer as tarifas ferroviárias. A ideia dominante era a de que as ferrovias haviam sido um empreendimento em escala gigantesca que teve um papel épico no desenvolvimento do país. Não só representaram investimento direto massivo como também tiveram efeitos indiretos enormes e fomentaram a indústria de base, o desenvolvimento tecnológico e a infraestrutura que permitia a integração nacional. O assunto da tese de Lorenz era comum em sua época, seguia em trilhos seguros, não havia por que arriscar-se na estrada de chão dos estudos sobre desigualdade.

Ocorre que, em 1963, outro estudante de doutorado questionava essa ideia na Universidade da Califórnia, Berkeley. Seu nome era Albert Fishlow. Considerado um aluno brilhante, sua abordagem do problema consistia em usar séries estatísticas para analisar a história, o que hoje é chamado de cliometria. Os argumentos dele são sofisticados, mas, em termos gerais, vão na direção de minimizar a ideia de que o desenvolvimento massivo na infraestrutura ferroviária foi o motor do crescimento da economia dos Estados Unidos.

Albert Fishlow torna-se professor em Berkeley. Por causa de suas habilidades técnicas e seu interesse no estudo do crescimento econômico, em 1965 desembarca no Brasil como membro da Aliança para o Progresso, programa de cooperação entre o país e os Estados Unidos. Integra o Escritório de Pesquisa Econômica Aplicada (Epea), que mais tarde viria a se chamar Instituto de Pesquisa Econômica Aplicada (Ipea), onde trabalha no planejamento de estratégias de desenvolvimento. Na época o Brasil atravessava uma recessão. Fishlow argumentava que seria possível, por meio do uso da capacidade ociosa, promover crescimento sem antes reduzir a inflação. Essa ideia se encaixava como uma luva nos interesses políticos de um governo ditatorial em busca de legitimidade.

Fishlow, no entanto, não hesitou em sair dos trilhos. Fez o que Lorenz não chegou a fazer, foi dos trens à desigualdade. Logo após a publicação dos resultados do Censo de 1970, desenvolveu um estudo sobre o comportamento da desigualdade de renda no Brasil e descobriu que ela havia aumentado desde 1960. De fato, numa ampliação posterior da pesquisa, uma tabela com as coordenadas das curvas de Lorenz não deixava margem a dúvidas: a renda tinha se tornado mais concentrada.[1] Esse trabalho, publicado em 1972, é um dos dois precursores dos estudos modernos sobre desigualdade no Brasil.² Seu argumento vai além, e ele afirma que a concentração crescente era uma escolha, pois o governo tomara decisões que deliberadamente aumentavam a desigualdade: reprimia negociações salariais e comprimia o salário mínimo. São os mesmos fundamentos e deduções usados por Rodolfo Hoffmann e João Carlos Duarte no outro estudo precursor das pesquisas modernas, mas agora vindos de alguém que fizera parte da máquina do governo, ajudara a desenhar as políticas de crescimento acelerado e era reconhecido internacionalmente.³

O resultado desagrada o governo, que se apressa a dar uma resposta a Fishlow, Hoffmann e Duarte. Primeiro, negando a desigualdade crescente. As curvas de Lorenz, no entanto, levavam a uma conclusão inequívoca: a concentração aumentara. Diante disso, há um desvio do trem e a estratégia passa a ser a negação de que o aumento era consequência de uma escolha. O governo mobiliza recursos e pessoal para apoiar o estudo de Carlos Langoni, que atribui a desigualdade em elevação ao crescimento da demanda por trabalho qualificado, o que dá início a uma controvérsia que vai se reacender, e será em parte resolvida, mais de quarenta anos depois por Pedro Ferreira de Souza, também do Ipea, que também usou séries estatísticas para analisar a história, na tradição de Fishlow.

Nos debates, Fishlow lança um argumento que nunca recebeu a devida atenção, o de que medidas de desigualdade diferentes medem coisas distintas e por isso podem levar a conclusões divergentes. Vale a pena citar: "Quanto à medida de desigualdade, deveria ser claro que diferentes índices correspondem a diferentes pesos consignados a grupos particulares de renda".⁴ Esse argumento, porém, é a locomotiva que puxa ideias bem mais profundas, as quais já estavam sendo discutidas na década anterior. Ele não é apenas sobre a tecnicalidade das medidas, é sobre a filosofia contida nelas. Os impactos da discussão afetam até mesmo a forma como vemos crescimento e desenvolvimento, por isso o assunto merece ser examinado em mais detalhe.

A desigualdade é produto de escolhas. Escolhas representam interesses, e sua justificativa, na esfera pública, se baseia em valores políticos. O conjunto desses valores são as lentes através das quais o mundo é julgado. Por isso, antes de ser uma questão técnica, a análise da desigualdade é um desafio filosófico.

Julgamentos de valor são os pilares sobre os quais se ergue todo o ferramental de análise da desigualdade social. Curvas e medidas expressam, implícita ou explicitamente, tais julgamentos. O conjunto desses julgamentos e as justificativas que os fundamentam constituem algum tipo de teoria de justiça. Quando guia o debate público, uma teoria de justiça torna-se uma filosofia política. Portanto, no coração das ferramentas de análise da desigualdade está uma filosofia política. As implicações disso são imensas. A mais imediata delas é que, nas políticas públicas baseadas em evidências, as evidências são baseadas em escolhas políticas.

Isso não significa, por exemplo, que uma média seja uma medida política. A escolha da média para representar uma população é que é uma decisão política. Mais exatamente, é a atribuição de um valor moral à média o que torna a decisão um gesto político. Isso ocorre independentemente das intenções dos pesquisadores.

A intuição é mais simples do que parece. Que medida usar para avaliar o grau de desenvolvimento de um país, a renda média ou a renda mediana? Por trás de sua decisão está a importância que você dá para a desigualdade. As médias de renda são muito afetadas pelos extremos, em especial pelas rendas das pessoas mais ricas. Já as medianas não, pois uma mediana meramente divide uma população na metade. Quando existe concentração de renda no topo, as médias são maiores que as medianas. Por isso, no mundo há países de renda média elevada onde, no entanto, muita gente vive com renda baixa.

Pois bem, decidir qual entre dois países é mais desenvolvido comparando-os pela renda média da população leva a uma forma de tratar desigualdade, compará-los pela renda mediana leva a outra. A média não reflete a distribuição da renda. A mediana, em algum grau, sim. Se dois países têm a mesma média, mas desigualdades diferentes, a comparação pela mediana geralmente levará a julgar o mais igualitário como mais desenvolvido. A média e a mediana não são medidas políticas, todavia a escolha de uma delas para representar desenvolvimento é uma decisão política: reflete valores sobre desigualdade.

Os resultados são muito impressionantes. Um exercício ajuda a entender isso com mais clareza. Imagine que você está numa fila de embarque esperando para vir ao mundo. Seu nome é chamado. "Bom dia, hoje temos duas opções, nascer no Brasil ou no Vietnã, qual você prefere?" Você tem pouquíssima informação para tomar essa decisão. Por enquanto, a única coisa que você sabe é que, em dólares correntes, a renda média do Brasil é mais ou menos o dobro da renda média do Vietnã. O dobro é muita coisa. Muita mesmo. A decisão parece fácil, não parece? Qual é o melhor país?

A resposta é "depende". Depende de para onde você vai na pirâmide social. Se você acha que vai para os 10% mais ricos, não tenha dúvidas, é muito melhor nascer no Brasil. Mas se você acha que vai para os 20% mais pobres, a melhor escolha é nascer no Vietnã.[5] A renda no Brasil é tão mal distribuída que a renda dos mais pobres no Vietnã é mais alta que a dos mais pobres no Brasil. A comparação pela renda dos 20% mais pobres estabelece o Vietnã como mais desenvolvido, embora a média brasileira seja duas vezes maior.

Média e mediana ou pontos como os 20% são algumas das muitas medidas possíveis. Ainda que a escolha de uma medida não seja intencional, ela afeta um julgamento de valor, ou seja, não é moralmente neutra. É isso que está nas profundezas do argumento de Fishlow e que foi discutido de forma magistral no final da década de 1960 por dois pesquisadores independentes, Serge-Cristophe Kolm e Anthony Atkinson.[6] A escolha define como o mundo é visto, e essa definição tem consequências para o julgamento do bom, do bem e do melhor.

As ferramentas de medição da desigualdade têm uma linguagem própria para isso. Simplificando bem, nessa linguagem julgamentos de valor compõem axiomas, que são enunciados na forma de princípios com caráter moral. A articulação de axiomas produz funções de bem-estar, que são expressões de como o bem-estar de cada indivíduo afeta a desigualdade e o bem-estar da sociedade como um todo.[7] Uma função de bem-estar é como uma regra de ponderação de ganhos e perdas. É uma função dessas que estabelece, por exemplo, se uma transferência dos ricos aos extremamente pobres é simplesmente "melhor" ou "muitíssimo melhor" que uma transferência dos pobres aos extremamente pobres.

Um resultado muito importante dessa discussão, consolidado por Kolm e por Atkinson, é o de que as medidas de desigualdade contêm uma função implícita de bem-estar. Disso surgiu um esforço grande para explicitar o que era implícito e criar medidas que evidenciassem julgamentos de valor. Essas medidas explícitas têm um componente chamado parâmetro de aversão à desigualdade.

O parâmetro de aversão à desigualdade de uma média é zero: as médias são insensíveis à desigualdade. Medidas como o Produto Interno Bruto (PIB) per capita, por exemplo, são médias insensíveis à distribuição da renda num país. Isso tem várias consequências. Uma delas é que as medidas de crescimento total são também insensíveis à distribuição da renda. Elas não são capazes de identificar se o crescimento é ou não acompanhado de aumento da desigualdade. Para tornar evidente a circularidade, quando a aversão à desigualdade é zero, desigualdade simplesmente não importa.

O extremo oposto disso é uma abordagem fortemente igualitarista, que se expressaria por um parâmetro de aversão à desigualdade infinito. A implicação de muita aversão à desigualdade é que prioridade absoluta deve ser dada às pessoas em piores condições. Isso implica, por exemplo, redistribuir dos extremamente mais ricos aos extremamente mais pobres caso seja necessário.

Cada medida trata desigualdade de uma forma diferente, e isso tem implicações para as políticas públicas que as análises podem recomendar. Por trás da matemática da desigualdade, que embasa desde estatísticas até a inferência causal, está uma filosofia política. Desigualdade é, em seus fundamentos, um problema político.

Ensino médio é pouco para a desigualdade

É muito frequente que a educação seja apresentada como a principal solução para o problema da desigualdade. Não raro, educação é elevada ao nível de panaceia. No entanto, as coisas não são tão simples como podem parecer à primeira vista. Educação é algo extremamente importante, mas o que políticas educacionais podem de fato fazer pela desigualdade deve ser analisado com um pouco mais de detalhe. É um erro esperar das políticas educacionais mais do que elas podem fazer dentro de um contexto favorável e otimista. É um erro adicional supor que o contexto do futuro será necessariamente favorável.

Educação é um termo muito geral para conduzir decisões. É preciso ter um pouco mais de especificidade — ensino básico? Médio? Superior? Que tipo de cursos universitários? Qual a qualidade desse ensino? Tal especificidade se reflete em custos, benefícios esperados, tempo para colher os resultados e magnitude das reformas necessárias para que isso tudo possa funcionar.

Quem já calculou a evolução da proporção de pessoas que concluíram apenas a primeira fase do ensino fundamental no

Brasil se assustou com a estabilidade eloquente dos números: 40% em 1970, 40% em 1980, 40% em 1990. Estagnação. Mudar a educação de uma população inteira é um processo demasiado lento, mas tamanha estabilidade chama atenção. Nesse período a mudança estava ocorrendo de maneira muito mais intensa nos níveis educacionais mais altos, com grande expansão do ensino médio e do superior. As médias de anos de estudo da população foram puxadas por crescimento nesses níveis, e não por melhorias na base pouco educada. Mesmo assim, a população como um todo continuava pouco educada: em 1990, só 13% das pessoas tinham ensino médio concluído.

Reverberando discussões da década de 1970, na década de 1990 havia muita preocupação com a matrícula no ensino fundamental. A ideia de que deveria ser dada prioridade a esse nível de ensino era uma das questões. Reflexo disso são as primeiras propostas de transferência condicional de renda, que nos anos 2000 resultaram no Bolsa-Escola e no Bolsa Família. O Brasil já tinha experiências anteriores com condicionalidades, vacinação, especificamente, mas essas iniciativas eram diferentes. Tais propostas condicionavam o recebimento da assistência social à frequência das crianças na escola. Esperava-se que as famílias pusessem e mantivessem as crianças na escola para receber dinheiro da assistência e que a educação rompesse o ciclo geracional da pobreza: a geração seguinte de pessoas com ensino fundamental, ou mais do que isso, já não seria pobre, ou ao menos não seria tão pobre.

Dar muita atenção aos níveis iniciais de ensino faz todo o sentido. Afinal, sem eles é impossível prosseguir nos demais níveis. Além disso, educação básica serve para tantas coisas que os gastos públicos devem, sim, priorizá-la. Mas a pergunta maior não é por onde começar, é até onde ir. Responder a essa pergunta, nos anos 1990, era difícil. O país, que tinha saído havia pouco tempo do caos político de uma ditadura, vivia o caos econômico de uma inflação alta. Soluções radicais já haviam sido tentadas, mas controlar a inflação se mostrava difícil. Na mídia, para ilustrá-la usava-se a imagem de um dragão cuspindo fogo. Aliás, tal descontrole beneficiava alguns, entre eles o caixa do governo, já que a estabilização de preços colocaria uma boa pressão sobre os gastos públicos, inclusive os educacionais. O desafio para conciliar as duas coisas não era pequeno.

É aí que entra um sociólogo. De credenciais acadêmicas impecáveis, Fernando Henrique Cardoso era, ao mesmo tempo, respeitado como grande intelectual e como político habilidoso. Foi exilado, teve os direitos políticos cassados sob a ditadura, tornou-se um dos articuladores da retomada do voto direto em eleições, participou intensamente da elaboração da Constituição de 1988, fundou dois partidos políticos, foi senador, ministro, presidente da República e principal coordenador da condução do plano econômico que controlou a inflação nessa década, o Plano Real. Fernando Henrique domou o dragão, e isso lhe rendeu, merecidamente, um capital político gigantesco para sua primeira eleição à Presidência e, de certa forma, colaborou para sua reeleição.

No discurso de posse do segundo mandato, em 1999, o presidente Fernando Henrique Cardoso afirmou: "Estamos combatendo a desigualdade com a estabilidade da economia e com a melhoria da qualidade da educação pública, de modo a proporcionar aos desfavorecidos a oportunidade que nunca tiveram".[1] Em seu primeiro governo, a economia já havia sido estabilizada, e se iniciara uma grande expansão do ensino básico, passo necessário para a expansão dos níveis seguintes. O caminho estava correto. O que não estava claro no discurso do presidente era quanto ainda faltava percorrer. E isso é muito importante: quão longe ir na expansão e na melhoria educacional faz bastante diferença para a desigualdade.

O ensino é invocado por muita gente como uma das principais medidas que o Estado pode adotar para reduzir a desigualdade de renda entre as pessoas. A lógica por trás disso é que a educação dos trabalhadores determina sua produtividade e essa produtividade determina os rendimentos do trabalho. Os rendimentos do trabalho seriam o grande determinante das desigualdades de renda, e as desigualdades educacionais o grande determinante da desigualdade salarial. Uma redução da desigualdade educacional diminuiria a desigualdade de renda, primeiro diretamente, ao equalizar a produtividade dos trabalhadores, e depois indiretamente, ao desvalorizar a educação à medida que ela se tornasse mais comum.

A lógica se limita à renda do trabalho, deixa de lado a renda do capital, mas é bem fundamentada. Faz sentido imaginar que igualdade educacional gere alguma igualdade salarial. Afinal, no Brasil de 2010, quase um quinto da desigualdade de renda do trabalho estava correlacionado a diferenciais educacionais.[2] "Correlacionado a" é diferente de "causado por", mas é razoável acreditar que ao menos uma parte dessa desigualdade seja de fato causada por diferenças em educação. Assim como é razoável crer que nem toda a desigualdade apontada pela correlação tem origem educacional — educação está apenas representando fatores que as pesquisas não captam.

No abstrato, é politicamente fácil aceitar o combate à desigualdade por essa lógica: ela é compatível com ideais meritocráticos e transfere a maior parte do conflito distributivo para o futuro. Os limites de aceitação começam a aparecer apenas quando os custos de equalização radical de oportunidades pela via educacional passam a ser computados, pois esses custos trazem o conflito distributivo para o presente: alguém vai ter que pagar a conta da educação.

A aposta da sociedade na educação deve ser a principal aposta para a redução das desigualdades num prazo razoável de tempo? O que para alguns é uma resposta óbvia, para muitos é uma surpresa: não, não deve; educação é necessária, mas insuficiente. Porém, a negativa requer ressalvas: a aposta na educação só terá efeitos muito lentos, só para mudanças educacionais muito expressivas, e tudo depende de como será a desigualdade no futuro distante.

Essa resposta depende de uma série de fatores, dos quais seis merecem destaque. O primeiro: qual tipo de educação será provida, ensino médio ou superior, já que apenas educação básica é evidentemente muito pouco? O segundo: uma melhoria no sistema de ensino se refletirá no desempenho educacional? O terceiro: em que medida uma melhoria de desempenho educacional das massas deve se converter em melhores salários? O quarto: em que medida haverá resposta, por parte das famílias mais ricas, a um aumento da educação das massas? O quinto: em que medida as desigualdades na renda do trabalho respondem pela desigualdade de renda total? O sexto, e talvez o mais importante: quanto tempo levará todo esse processo?

Sim, mais educação está correlacionada a salários mais altos. Mas o que realmente faz diferença é educação superior. Uma parte muito grande da diferença de salários está associada não ao fato de algumas pessoas terem ensino básico e outras ensino médio, e sim ao fato de elas terem ou não ensino superior.[3]

Ou seja, ensino médio é extremamente importante, mas é pouco. Combater a desigualdade pela via educacional vai exigir a massificação do ensino superior, inclusive com expansão também acentuada dos cursos de elite. Melhorar a educação da força de trabalho brasileira de modo a que todos tenham pelo menos ensino médio é ótimo, e dar início a essa melhoria nas novas gerações já seria uma meta ambiciosa para a década de 2030. Mas é insuficiente.

Difícil avaliar com segurança, mas as estimativas que temos são de que se hoje todos os trabalhadores tivessem, no mínimo, ensino médio, 93% da desigualdade na renda do trabalho permaneceria como estava em 2010. Uma queda de 7% na desigualdade é muito bem-vinda, mas a magnitude do esforço para alcançá-la não deve ser desconsiderada: exigiria um sistema educacional melhor que o atual já funcionando há meio século, isto é, desde uma época em que o Brasil não conseguia sequer enfrentar o analfabetismo.

A meta "desigualdade 10% menor" só seria alcançada se praticamente toda a força de trabalho tivesse nível superior. Uma combinação de expansão com melhoria da qualidade no ensino médio só superaria essa meta se a melhoria da qualidade fosse suficiente para remunerar todos os trabalhadores com pelo menos o efeito médio dos trabalhadores com nível superior em cursos de formação de professores.

A meta "desigualdade 20% menor" não seria atingida nem mesmo se todos os trabalhadores tivessem o equivalente a um doutorado. E isso assumindo um cenário bastante favorável ao efeito da educação, de absorção completa da mão de obra mais qualificada e nenhuma desvalorização dos diplomas devido à massificação.

As estimativas do efeito da educação que fundamentam esses cálculos têm seus problemas. Talvez elas sejam otimistas demais em relação ao papel que a educação poderia ter sobre as desigualdades de renda. Na verdade, elas são propositalmente otimistas, pois tentam estabelecer um teto razoável, um cálculo dos efeitos máximos que a educação poderia ter. É bem possível que os efeitos reais da educação não permitam tanto otimismo. Estimativas que levam em consideração a imobilidade entre gerações ou estimativas que usam outros métodos encontram efeitos bem menores da educação sobre a renda.[4] Além do mais, se baseiam em simulações de efeitos médios da educação quando, na verdade, a maioria dos trabalhadores numa distribuição desigual recebe menos que o efeito médio. Tampouco elas têm algo a dizer sobre a desigualdade nos rendimentos de outras fontes, como os previdenciários e os de capital. Mais razões para não criar expectativas em excesso sobre o que o ensino médio pode fazer pela desigualdade.

Massificar o ensino médio e o superior exigiria, hoje, grandes melhorias no sistema educacional, o que, por sua vez, exigiria grandes mudanças de quantidade e qualidade na educação. Ainda assim, há limites para tanto. Não se deve esperar que a melhoria do ensino seja acompanhada por um aumento nas mesmas proporções no desempenho dos alunos. Isso porque esse desempenho ainda é fortemente determinado pela origem social dos estudantes. Com efeito, uma parte muito grande da educação dos jovens e das crianças ocorre fora do ambiente escolar, antes mesmo da idade escolar. Ou seja, existe uma margem para melhoria de desempenho dos alunos caso o sistema de ensino seja alargado e aprimorado, mas essa margem é limitada por algo que o ensino não é capaz de mudar: a origem social dos alunos.

Talvez seja possível romper muito da imobilidade educacional entre as gerações, o que aumentaria o espaço de manobra do sistema educacional. Isso provavelmente exigiria modificar a fundo o sistema, de modo a que as deficiências das famílias fossem suplantadas pela escola: ensino em tempo integral, pré-escola generalizada, de qualidade muito alta etc. Uma mudança dessas, de grande porte, não só tem custos orçamentários elevados como exige tempo para implementação. É improvável que ela possa ser realizada apenas com o orçamento educacional de que o Brasil dispõe hoje. Boa educação tem seu custo.

As coisas dependem de como uma melhoria de desempenho educacional das massas se converterá em melhores salários. Aumentar a qualificação dos trabalhadores só tem efeito sobre a desigualdade se esses trabalhadores mais qualificados forem absorvidos em empregos adequados. Aumentos de qualificação em pequena escala costumam ser bem absorvidos pelo mercado de trabalho. Porém, o que está em discussão aqui é massificação educacional, alterações de grande porte. Para absorver essa mão de obra, a economia precisaria mudar.

As mudanças econômicas teriam que ser de vários tipos. Uma delas seria uma exigência de crescimento. Para pagar maiores salários, a economia precisa crescer. No caso de assegurar o mínimo de ensino médio para todos os trabalhadores, a expansão da renda necessária seria de 21% acima dos níveis de 2010, o que é perfeitamente viável, inclusive porque poderia ser mais fácil crescer com uma força de trabalho qualificada.

Todavia, garantir rendimentos compatíveis com uma força de trabalho com o mínimo de nível superior em cursos de formação de professores, os quais resultam em remuneração mais baixa que a dos demais cursos, exigiria um crescimento adicional de 74% do nível atual da renda, valor bem mais ambicioso. Vale notar que a economia precisaria crescer 74% para reduzir a desigualdade em 7%; reduzi-la em um quinto exigiria quadruplicar a renda total, o que é difícil de fazer em menos de meio século. É certo que parte da absorção pode se dar não por crescimento, mas por redistribuição, e por isso a exigência de crescimento poderia ser menor. De todo modo, o risco de que numa grande mudança nem toda uma força de trabalho altamente qualificada possa ser absorvida não é pequeno.

A massificação da educação tende a reduzir seu valor. A depender de seu tamanho e de onde ocorre, a queda de valor diminui a capacidade que a educação tem de reverter a desigualdade. Não é errado argumentar que a queda de valor da educação ajudaria a diminuir a desigualdade, afinal quem tem muita educação passaria a ter algo que não vale muito. Isso, no entanto, só pode acontecer quando a queda de valor é grande e se dá entre os mais ricos.

Se todos os trabalhadores tivessem no mínimo ensino superior em formação de professores, e com isso os cursos de formação de professores perdessem 30% de seu efeito sobre salários, a queda da desigualdade na renda do trabalho decorrente seria diminuída e nem sequer seria suficiente para alcançar a meta "desigualdade 10% menor". A dificuldade que se coloca é que o efeito de desvalorização só seria expressivo se a massificação alcançasse os cursos de elite, como medicina, engenharia etc.

O raciocínio é fácil de entender. Se aquilo que os mais ricos têm é desvalorizado, a desigualdade pode cair; porém, se o que é desvalorizado é algo que predomina na massa de população,[5] a desigualdade pode até mesmo aumentar. Expansão e desvalorização dos cursos de elite tendem a reduzir a desigualdade, dos cursos intermediários não têm muito efeito, e do ensino secundário podem inclusive aumentá-la, embora tal probabilidade seja baixa. Tudo isso com algumas ressalvas sobre a forma como a economia como um todo responde a essas mudanças.

O resumo do problema é mais ou menos este: ou a educação que predomina no topo é desvalorizada ou a desvalorização dos cursos intermediários só diminui o poder que a educação tem de afetar a desigualdade. Por outro lado, se houver uma expansão grande dos cursos de elite, a ponto de desvalorizá-los, é possível que a desigualdade caia, ainda que a base não se expanda da mesma forma. Daí decorre que, ao contrário do que se costuma imaginar, uma política de grande expansão de cursos como engenharia e medicina e dos doutorados pode reduzir a desigualdade, por uma combinação de desvalorização desses cursos e mobilidade social ascendente. Isso, todavia, não é automático. O que ocorreria, exatamente, dependeria do tipo de expansão e de como o mercado de trabalho responderia a uma quantidade maior de trabalhadores altamente qualificados. Para tanto, o mercado de trabalho teria que evoluir em compasso com a educação superior.

Além do mais, as pessoas e famílias que agora estão em posição vantajosa podem mudar seu comportamento diante de uma grande expansão educacional, a fim de proteger sua posição. Uma resposta competitiva é provável e tende a diminuir o poder que a massificação da educação pode ter sobre a desigualdade. Há vários tipos de respostas possíveis. Por exemplo, aumentar as exigências de entrada em categorias profissionais, como exames de ordem, reforçar barreiras de status, como a discriminação, ou enfatizar homofilia, como a contratação dentro de rede de relações sociais. Ou, ainda, uma "corrida armamentista educacional", em que as pessoas buscam se qualificar mais ainda para manter sua posição social. A resposta das elites econômicas vai determinar quão longe a educação será capaz de chegar, mas é impossível fazer uma previsão aceitável disso.

O efeito da equalização educacional sobre a desigualdade depende muito da medida em que as desigualdades na renda do trabalho respondem pela desigualdade de renda total. Ao menos diretamente, espera-se que a educação afete a produtividade do trabalho, não o volume de capital de uma pessoa. Embora seja possível, não está claro se as desigualdades entre os detentores de capital são determinadas por fatores educacionais.

A ideia de que a educação é um determinante muito significativo da desigualdade de renda total foi construída sobre resultados de pesquisas domiciliares. Nelas, os rendimentos de capital são um componente quase irrelevante da renda das pessoas. No entanto, estudos indicam que tais pesquisas subestimam a renda das pessoas mais ricas, justamente as que têm maiores rendimentos de capital. Em consequência, há uma parte da desigualdade que não pode ser revertida, ao menos diretamente, por uma expansão educacional.

Todos esses fatores operam na direção de diminuir o efeito que a educação pode ter como mecanismo de redução da desigualdade. Daí se pode tirar uma conclusão: a ênfase no ensino médio é necessária, mas insuficiente. Necessária porque o ensino médio é um pré-requisito para educação superior. Insuficiente porque, para reduzir substancialmente a desigualdade pela via educacional, é preciso expandir de maneira expressiva a cobertura educacional universitária, inclusive — e isso é importante — nos cursos de elite.

Educação é investimento de longo prazo

Imagine que você vive na segunda metade da década de 1950. O Brasil tem 62 milhões de habitantes, é um país massivamente rural, mas passa por grandes transformações substanciais. Uma massa grande de pessoas é neta de escravos. Metade da população é completamente analfabeta. Por aproximação, quase três quartos dos adultos são filhos de analfabetos. Analfabetos não podem votar, o que afasta radicalmente a população mais pobre de qualquer participação política e, com isso, parte importante do interesse dos políticos pelos analfabetos.

As famílias têm, em média, seis filhos, o que expande rapidamente o número de crianças, apesar dos níveis altos de mortalidade. Além disso, os movimentos migratórios de pessoas entre regiões e dentro destas são grandes, o que determina o crescimento do número de crianças nas cidades. A administração do sistema de ensino é bastante descentralizada, o que deixa a estados e municípios boa parte das responsabilidades educacionais, mas não as compensa com maiores orçamentos.

Oficialmente, professores do ensino primário devem ter formação secundária especializada. A verdade, porém, é que na década de 1950 um terço dos professores do país nem sequer tem a educação básica de oito anos de ensino concluída, e mesmo a massa restante trabalha com pouca formação.[1] Em todos os cursos de ensino superior do país o número de alunos matriculados não chega a 100 mil. Não há um volume aceitável de escolas, capacidade administrativa para gerir uma expansão, nem uma quantidade razoável de professores qualificados.

Na década de 1950 também não há infraestrutura de comunicações, transporte e energia em volume suficiente para realizar grandes mudanças. Quão ambicioso pode ser um plano de educação nessa época? Quanto você apostaria na educação para reduzir a desigualdade nas duas décadas seguintes? O que fazer para essa massa enorme de população enquanto um novo sistema educacional não chega?

A inércia do passado é imensa. Até 2010 a força de trabalho tinha trabalhadores que estudaram — ou que deixaram de estudar — no ambiente descrito. Até 2040 uma massa de adultos será filha desses trabalhadores, carregando em sua história tudo o que isso significa para a mobilidade social. Tenha esses dados em mente quando for decidir o que precisa ser feito para reduzir a desigualdade nas próximas duas décadas e, também, para imaginar o que fazer enquanto elas não chegam.

De todos os fatores relacionados à capacidade de a educação reduzir desigualdades (e pobreza), o mais importante é o tempo. Nenhuma súplica corrompe o tempo. Se uma expansão educacional for de fato capaz de produzir efeitos relevantes sobre a desigualdade, o processo levará anos para ser iniciado e décadas para ser concluído.

É possível melhorar radicalmente um sistema de ensino num período relativamente curto, em especial quando esse sistema é demasiado ruim. Todavia, isso não é simples, pois envolve alterar práticas administrativas e pedagógicas de um quadro de professores que já opera de uma forma específica e que não pode, e talvez não deva, ser substituído facilmente. Difícil calcular quanto tempo seria necessário para efetuar uma melhora dessas, mas o Brasil deu um salto educacional muito grande entre as décadas de 1990 e 2010, e a experiência do Ceará nos anos 2000 e 2010 sugere que é viável fazer uma mudança dessas em uma década ou pouco mais que isso.

Educação é um investimento de longo prazo de maturação. Leva mais de uma década para formar um jovem no ensino médio, e isso na ausência de evasão e repetência — duas coisas ainda muito comuns no começo dos anos 2020. Ou seja, na hipótese otimista de se melhorar radicalmente toda a educação brasileira em uma década, levará outra década até que a primeira geração de alunos seja formada no sistema melhorado e entre no mercado de trabalho. Essa geração, porém, será uma pequena minoria numa força de trabalho de adultos pouco qualificados. Serão décadas até que as novas gerações qualificadas dominem o mercado de trabalho. Um trabalhador passa mais de quatro décadas nesse mercado.

É inviável estimar como será o mercado de trabalho daqui a meio século. Não se sabe qual será a relação entre educação e rendimentos nesse futuro distante. O que podemos fazer para ter alguma referência é olhar para trás, e mesmo isso exige uma boa tolerância com erros. Marcos temporais ajudam a dimensionar a linha do tempo, mas realmente relevante é perceber que o que faz alguma diferença não são anos, e sim décadas.

Se tivesse havido uma reforma educacional radical no Brasil em 1994, ano do Plano Real, de tal modo que depois dela nenhuma criança houvesse saído da escola com menos que ensino secundário, muito pouco teria mudado em 2010: a desigualdade seria apenas 2% menor. Se essa mesma reforma houvesse ocorrido em 1988, ano da Constituição, 3% menor. Em 1974, ano final de um ciclo de elevado crescimento do PIB e da desigualdade, 6% menor.

Em 1956, ano do Plano de Metas, época da qual gerações de trabalhadores atuais não têm memória, 7% menor.²

Elevar o patamar mínimo de todos os novos estudantes para conclusão de nível superior em cursos com remuneração equivalente à dos diplomados em cursos de formação de professores, embora já seja extremamente ambicioso, padeceria do mesmo problema: para uma reforma implementada em 1994, redução da desigualdade de 4%; em 1988, 6%; em 1974, 11%; em 1956, 14%.

O tempo é inexorável. Nem sequer uma reforma educacional muito radical seria capaz de superar a inércia demográfica de um estoque de adultos que já estão no mercado de trabalho. É difícil qualificar adultos que precisam cuidar de suas famílias e trabalhar. O fato é que o Brasil já perdeu suas janelas de oportunidades décadas atrás e o que pode fazer agora é olhar para o século que vem.

Não é possível prever como será o mundo do trabalho daqui a três ou quatro décadas. Se o passado serve de referência, os requerimentos de qualificação dos trabalhadores serão crescentes. O analfabetismo, hoje um impedimento grave ao trabalho, era um obstáculo menor em 1980. Por isso, não parece ser uma boa ideia alimentar otimismo em relação ao futuro usando o presente como referência. Talvez as gerações que estão sendo formadas atualmente enfrentem um futuro no qual o ensino secundário não signifique muito. Se for esse o caso, reformas educacionais precisam alcançar uma forte expansão do ensino superior, o que exige ainda mais tempo.

Talvez a educação seja mais importante para evitar aumentos futuros da desigualdade decorrentes de novas exigências no mundo do trabalho do que para efetivamente reduzir a desigualdade existente. Mesmo que não seja esse o caso, vale a pena investir em educação. Parte do ensino é preparação para a vida profissional, mas o sistema de ensino faz muito mais que produzir trabalhadores. Educação é meio para o trabalho, mas também serve para outras coisas e acaba sendo um fim em si mesma. Cito apenas alguns exemplos: pessoas devem receber educação para que tomem decisões mais bem embasadas sobre sua vida e a dos outros, para que tenham mais opções de lazer e cultura, para que entendam melhor como o mundo funciona e possam agir sobre ele e para que ajudem a educar as gerações futuras. Quando muitas pessoas recebem educação, o efeito desta transborda para a comunidade e o conjunto da sociedade acaba ganhando.

OS RICOS

Quem é rico?

Baleia é um nome lindo para uma cachorra. Ao mesmo tempo contém muito e nenhum sentido. É preciso ser destituído de alma para imaginar os momentos finais da cachorra Baleia em *Vidas secas* e não sentir um nó na garganta. Trata-se da morte de um cão miserável de uma família miserável num sertão miserável. Baleia pode ser só um cão, mas pode ser também um símbolo da injustiça no Brasil. Nem ela, nem sua família, nem praticamente ninguém a seu redor tinham poder para mudar o estado das coisas.

Graciliano Ramos escreveu *Vidas secas* logo depois de sair da cadeia, em 1937. O período que passou na prisão é contado em outro livro, *Memórias do cárcere*. Graciliano foi preso político durante onze meses, "perseguido de maneira estúpida e inexplicável pela Polícia Política que preparava o ambiente para a ditadura", disse o crítico literário Álvaro Lins. Numa escalada de insensatez repressiva e degradação, foi transportado no porão imundo de um navio do Recife para o presídio de Ilha Grande, no Rio de Janeiro, sofreu privações desumanas e viu colegas morrerem. Tudo isso sem acusação formal, processo ou julgamento. É uma característica das ditaduras, e a de Getúlio Vargas não foi exceção.

No dia 21 de março de 1953, o jornal *O Globo* publica, na página 3, uma nota bajulatória enaltecendo o discurso feito no Chile pelo presidente Vargas que destacava "o combate aos extremismos". Na mesma página, o jornal relata que a Câmara Municipal do Rio de Janeiro havia homenageado Graciliano Ramos, morto um dia antes.

O extremismo de Graciliano consistia, principalmente, em escrever romances. Se denunciar a injustiça de forma aberta e crua constitui extremismo, então de fato o autor alagoano era um extremista. Sobre ele, o escritor José Lins do Rego registrou, em setembro de 1953: "O romance de Graciliano Ramos é uma desidratação da carne. Tudo neste homem é nervo exposto, é a agonia de um tempo em liquidação".

Graciliano nasceu em outubro de 1892. Nesse mesmo mês nasceu Francisco de Assis Chateaubriand Bandeira de Mello, magnata das comunicações no Brasil nas décadas de 1930 a 1960. Chateaubriand tornou-se dono do maior conglomerado de mídia da América Latina, os Diários Associados. Fundou, em 1950, a TV Tupi, primeira emissora de televisão brasileira. Tratava os veículos de comunicação como uma extensão de seus interesses. Foi proprietário, inclusive, de *O Jornal*, onde Graciliano Ramos publicou o conto "Baleia" pela primeira vez. Levou muitos anos para que outro conglomerado, este pertencente à família Marinho, ameaçasse o seu. Essa família é dona do jornal *O Globo*, que em 1953 bajulava Getúlio e anunciava a morte de Graciliano.

Com o controle de quase toda a mídia relevante do país, o empresário Chateaubriand se converteu também em político, sem nunca separar as figuras. Personagem eticamente controverso, foi acusado de construir seu império com base em chantagens, mentiras e manipulação da máquina do Estado. Inicialmente, usou seus meios de comunicação para apoiar Vargas e, com isso, obter benesses. Todavia, as relações entre os dois se tornaram conturbadas e, a partir de certo ponto, eles passaram a discordar. Graciliano Ramos se recusava a candidatar-se à Academia Brasileira de Letras. Chateaubriand não: em agosto de 1955, assumiu a cadeira número 37, antes ocupada por Getúlio, que se suicidara havia um ano.

É bastante óbvio que um dos problemas da desigualdade de riqueza é a concentração de poder. Dela resultam os Chateaubriands com um poder imenso para determinar tudo na vida de Baleias, com inicial maiúscula, que não têm nem verdadeira liberdade nem dignidade. O que não é tão óbvio é quem pode ser visto como rico. Que a cachorra Baleia era pobre, não há dúvidas. Que Chateaubriand era rico, também não. Mas onde devem estar as fronteiras? Quando a riqueza merece um nome num país de Baleias?

Como em vários países a desigualdade está muito concentrada no topo, para saber o que faz uma sociedade ser desigual é preciso entender o que faz os ricos *ricos*. Isso, no entanto, não é simples. As dificuldades envolvem tarefas como definir quem é rico, dar a essa definição um significado político e examinar a grande heterogeneidade entre os ricos.

Os ricos são um grupo que concentra parte significativa de toda a riqueza de uma sociedade. São importantes por várias razões. Uma delas é que compõem a classe que tem maiores condições de contribuir para o desenvolvimento da coletividade. É por isso, por exemplo, que tanto se insiste em tributação progressiva, na qual paga mais, proporcionalmente, quem ganha mais: tributar pobres tem um custo social alto e gera uma arrecadação baixa por pessoa; tributar ricos gera uma arrecadação alta a um custo social baixo.

Para enumerar as demais razões, nem é necessário pensar muito. Basta fazer perguntas cujas respostas o seu bom senso já conhece. Quem possui metade da renda de um país tem um peso grande no consumo desse país? Quem determina o consumo influencia a produção? Dinheiro é poder? Quem é rico influencia a mídia? Toda resposta tem seus poréns, mas só em casos muito particulares esses poréns são suficientes para virar o barco do seu bom senso.

Os ricos são um grupo que, embora pequeno, tem capacidade de definir a trajetória do consumo e da produção econômica. Além disso, dinheiro é poder, e os ricos são também agentes políticos muito relevantes. A riqueza ultrapassa as fronteiras da política e alcança a cultura e as comunicações. Os ricos são uma elite de poder, talvez uma das mais influentes tidas por uma sociedade.

Os ricos podem ser vistos como um grupo de pessoas numa posição na distribuição de renda ou riqueza, motivo por que podem ser identificados por meio de uma linha de riqueza. Há vários esforços para criar e justificar essas linhas, quase todos com foco em renda, em parte devido à escassez de dados sobre patrimônio.

A definição de linhas de riqueza é discussão que parece técnica, mas cujos pilares são filosóficos. Em termos gerais, as linhas podem ser divididas em duas categorias, absolutas ou relativas à distribuição.[1]

Definições absolutas de riqueza fazem referência a algum tipo de excesso — o oposto do que acontece nas linhas de pobreza absolutas. Esse excesso pode ser algum nível de afluência acima do qual o consumo não precisa nem deve subir, um valor de riqueza suficiente dado por um montante de capital investido que permite viver adequadamente sem trabalhar, ou simplesmente um valor arbitrário.

Há linhas subjetivas de riqueza com forte componente absoluto. Essas linhas tentam sintetizar as opiniões de toda uma população para definir riqueza. Em geral se baseiam no que se conhece como Método de Leyden, originalmente desenvolvido para medir pobreza subjetiva. O método consiste em ordenar as várias opiniões encontradas numa população sobre o valor que representa riqueza e determinar critérios para decidir o ponto a partir do qual a linha deve ser estabelecida.

Linhas de riqueza subjetivas são mais ou menos como linhas baseadas no júri popular. Não vale a pena entrar muito nos detalhes do método, pois ele praticamente não é usado, mas um dos problemas a serem enfrentados refere-se aos critérios para representar a decisão do júri. As pessoas têm opiniões subjetivas diferentes: qual é a correta? A média de todas as opiniões? A opinião que aparece com mais frequência? A resposta no Método de Leyden é dada por uma regra definida por um pesquisador; por essa razão, na prática o método não é integralmente subjetivo. À primeira vista parece uma linha que apenas expressa opiniões coletivas e, por isso, transfere ao coletivo a responsabilidade moral pelas decisões, mas não é bem assim. O resultado final depende da forma como tais opiniões são reunidas e representadas, e essa forma é uma decisão externa, feita por quem desenvolve a metodologia.

Linhas de riqueza relativas à distribuição são bem mais comuns. As mais conhecidas são linhas posicionais, como "os quinhentos mais ricos do país" ou "o 1% mais rico". Definições desse tipo não se preocupam muito em justificar suas escolhas. Há até mesmo linhas relativas a funções matemáticas que buscam representar, aproximadamente, a forma da distribuição, como "o ponto em que a distribuição é mais bem ajustada por uma curva de Pareto do que por uma curva de Gibrat (lognormal)". Também carecem de justificativa mais sólida. Certas linhas relativas à linha de pobreza, como "dez vezes a linha de pobreza", têm um componente fortemente arbitrário e, portanto, difícil de defender — afinal, por que dez e não vinte?

Praticamente todas as linhas de riqueza têm como pano de fundo algum tipo de igualitarismo. Porém, é quando esse igualitarismo se torna explícito que as linhas começam a ter justificativas filosóficas mais bem assentadas. Na busca de justificação há linhas de riqueza relativas a medidas de desigualdade, como "o ponto da distribuição a partir do qual um acréscimo de renda aumenta a desigualdade", cuja motivação igualitarista é autoevidente. Outras se fundamentam no igualitarismo pela aproximação de extremos, como as que estabelecem a riqueza a partir da "renda necessária para erradicar a pobreza via redistribuição", isto é, relacionam riqueza e pobreza pela via da desigualdade, baseando-se na ideia de que a pobreza é moralmente inaceitável e isso justificaria redistribuição.

As coisas podem ficar mais complicadas. Justificar um esquema de classe é uma empreitada ambiciosa, e usar métodos estatísticos para contornar o problema dá a sensação reconfortante de que a solução é técnica, mas não política. São esquemas de classe completos que dividem toda a distribuição de renda (ou outra) em grupos a partir de noções de similaridade e dissimilaridade, ou identidade e alienação, a depender da terminologia usada. As métricas em que as técnicas estatísticas de agrupamento se baseiam podem ser dadas por medidas de desigualdade ou de polarização. Como cada medida trata desigualdade a sua maneira, diferentes medidas geram diferentes esquemas de classe.[2]

A sensação pode ser reconfortante, mas esse conforto é falso. Por trás de tais métodos estão algumas decisões técnicas, várias decisões filosóficas e até escolhas políticas implícitas. Todavia, há certa convergência entre eles. Existem diferenças de resultados em termos absolutos e relativos, mas, quando esses métodos foram aplicados a dados do Brasil do final da década de 1990, a tendência foi a de definição de linhas de riqueza próximas ou acima do 1% mais rico da população.[3]

A pesquisa sobre evolução de longo prazo da concentração de renda afetou o campo de estudos sobre a desigualdade em todo o mundo, e o Brasil não foi exceção.[4] Essa pesquisa não define ricos explicitamente, mas o faz implicitamente, por meio de uma linha relativa que foca no 1% mais rico da população. Seu impacto foi tão grande que a preocupação com a definição de linhas de riqueza perdeu um pouco do sentido que tinha no passado. Atualmente, o mais comum é selecionar grupos relativos como 1%, 0,5% e 0,1% da distribuição de renda como linhas de riqueza.

Não existem boas justificativas para a escolha dos valores exatos desses pontos de corte. A filosofia por trás desse critério é rasa. Há outras mais rasas ainda. A extrema concentração de renda, porém, justifica subdividir os grupos no topo da distribuição em subgrupos tanto menores quanto mais alto se chega nos níveis de renda. Pois, assim como a pobreza não se resume às Baleias, a riqueza não é feita só de Chateaubriands. Os ricos são uma classe muito heterogênea. A depender de como definimos "ricos", há mais desigualdade de renda (e patrimônio) entre eles do que em quase todo o restante da sociedade. Por isso, a divisão 1%, 0,5% e 0,1% pode não ser a ideal, mas é melhor do que uma divisão 10%, 5% e 1% para lidar com as enormes diferenças que existem entre os mais ricos. Certamente é muitíssimo melhor do que a divisão da população em décimos, ignorando a heterogeneidade enorme que existe dentro do décimo mais rico.

É sempre útil notar que agrupamentos em classes são decisões instrumentais e, portanto, se destinam a propósitos específicos. Em alguns casos nem sequer são necessários. Por exemplo, é perfeitamente possível desenhar um sistema tributário progressivo ou focalizar gastos sociais sem nenhuma referência específica à classe dos ricos, como, de resto, também se pode fazer algo análogo na proteção social sem nenhuma definição de pobreza.

A renda dos ricos é diferente

Fundada numa produção baseada na escravidão, na elevada concentração de terras e no crescimento extensivo, no final do século retrasado a agricultura brasileira era rudimentar. Para Luiz Vicente de Souza Queiroz, os limites desse modelo agrícola estavam claros. O país precisava acompanhar o resto do mundo, o que incluía expandir a produção industrial e modernizar a agricultura.

Aos 24 anos de idade, Luiz de Queiroz volta ao Brasil depois de estudar nas escolas agrícolas de Grignon e Zurique. Filho de um dos maiores proprietários de terras do país, inicia sua carreira na indústria, montando uma tecelagem em 1874. O negócio dá certo, e passados quinze anos ele decide que é o momento de fundar uma escola de agricultura moderna. Começa com um projeto privado até que, por um colapso de suas finanças, pede apoio, doa o que já havia construído e repassa sua iniciativa ao governo. Em 3 de junho de 1901, é inaugurada a Escola Agrícola Prática de Piracicaba, sob responsabilidade do estado de São Paulo.

Em 1918, Francisco Tito de Souza Reis assume o posto de nono diretor dessa escola, no qual permanece por cinco anos. Ao deixar o cargo, vai dedicar-se a um projeto ambicioso, cujo efeito sobre a desigualdade no Brasil se sente até hoje. Em 1931 o nome do estabelecimento é mudado para Escola Superior de Agricultura "Luiz de Queiroz" (Esalq) e, em 1934, juntamente com outras escolas, dá origem à Universidade de São Paulo.

No ano seguinte ao da posse de Souza Reis, 1919, Giorgio Mortara, um importante estatístico italiano, escreve uma carta carinhosa a um colega que estava prestes a se casar: Corrado Gini.[1] Anos antes, Gini havia criado a medida mais famosa de desigualdade, o coeficiente que leva seu nome. Embora Mortara e Gini fossem competidores intelectuais e tratassem disso abertamente, Mortara tinha afeto por ele.

Vinte anos depois de receber a carta, Gini passa a apoiar o fascismo. Em 1938, os fascistas publicam o "Manifesto della Razza" e aprovam leis que lhes permitem perseguir africanos e judeus. Em 1939 Mortara, descendente de judeus, foge do fascismo e vai para o Brasil. Aí, ele foi pessoa-chave para a execução de uma das primeiras grandes tarefas do recém-criado IBGE: o recenseamento de 1940, que serviu de base para décadas de pesquisa subsequentes.

Os censos de 1940 e 1950 apresentavam uma limitação relevante para o estudo da desigualdade: não continham informação sobre renda. É no Censo de 1960, cujos resultados só foram publicados em 1965, que o questionário vai coletar informações sobre os rendimentos das pessoas.

Rodolfo Hoffmann era estudante de agronomia na escola criada por Luiz de Queiroz e dirigida por Souza Reis décadas antes. Em 1964, foi preso pela ditadura militar, aparentemente pelo "extremismo" de se preocupar com assuntos como desigualdade. Em 1965, ano da publicação do Censo de 1960, ele se forma, e ao longo dos quatro anos seguintes obtém o mestrado, o doutorado e torna-se professor da escola onde estudara. Hoffmann era uma ótima aquisição para a Esalq, pois dominava as técnicas que permitiam analisar a concentração da propriedade de terras, problema persistente da agricultura brasileira.

Em 1971, Hoffmann apresenta sua tese de livre-docência, *Contribuição à análise da distribuição da renda e da posse da terra no Brasil*. Em dado momento, a dissertação aplica a medida criada por Gini aos dados do IBGE que Mortara ajudou a criar, encontrando níveis muito altos de desigualdade de renda. Na mesma época, um aluno de mestrado de Hoffmann, João Carlos Duarte, aplica o mesmo procedimento aos dados do Censo de 1970, que acabavam de ser divulgados. Também encontra níveis muito altos de desigualdade de renda.

Quando Hoffmann e Duarte comparam seus resultados, identificam o aumento de uma desigualdade já alta. O achado é mencionado na tese de Duarte, e juntos os dois publicam, em 1972, um artigo relatando esse resultado. Em paralelo, Albert Fishlow chegava à mesma conclusão, também divulgando-a num artigo. Não faz mal lembrar: esses textos constituem o ponto de partida de praticamente toda a discussão sobre desigualdade no Brasil que viria a ocorrer nas décadas seguintes. São considerados os pioneiros dos estudos modernos sobre o assunto.

Até não muito tempo atrás, boa parte do que se sabia sobre a renda dos ricos no Brasil derivava de dados de pesquisas domiciliares, como os usados por Hoffmann, Duarte e Fishlow. Tais pesquisas funcionam à base de entrevistas, sendo com frequência amostrais, isto é, começam por um sorteio de quais famílias serão pesquisadas. Em seguida, um entrevistador vai à casa de cada família e lá entrevista, em geral, uma única pessoa, que responde perguntas sobre a renda de todos os demais moradores. A depender da pesquisa, as perguntas são direcionadas para registrar, ou exclusivamente ou principalmente, os rendimentos habitualmente recebidos pelas pessoas.

Por uma série de razões, no topo da distribuição de renda essas pesquisas tendem a captar bem rendimentos regularmente recebidos, como os associados ao trabalho — salários, remunerações e aposentadorias —, mas captam mal os rendimentos do capital e os ganhos que não são recebidos em períodos regulares. Isso subestima as rendas no topo, o que tem duas consequências básicas: em primeiro lugar, afeta o nível e pode afetar a trajetória da desigualdade; em segundo, enviesa as conclusões sobre os determinantes da riqueza e, consequentemente, da desigualdade, aumentando o peso de rendimentos associados ao trabalho e reduzindo o do capital.

Ou seja, quanto mais se sabe sobre a renda dos ricos, mais claro fica que as causas da desigualdade entre eles e o restante da população não são as mesmas que explicam a desigualdade na grande massa. O corolário disso é que os ricos, especialmente os muito ricos, são um grupo à parte e, por isso, existe uma fração razoável da desigualdade que não pode ser combatida pelas mesmas medidas desenhadas para reduzir a desigualdade no restante da população.

O problema da subestimação da renda dos ricos nas pesquisas amostrais já era objeto de estudos desde a década de 1970. Hoffmann e Fishlow o mencionam. Todavia, não se conhecia bem seu tamanho exato. Para enfrentá-lo, usavam-se informações do Sistema de Contas Nacionais. Era a solução possível, mas uma solução parcial, pois a contabilidade nacional não foi desenhada para expressar a distribuição da renda. Sempre se soube disso. Pesquisa de alta qualidade, baseada na contabilidade nacional, apontava para a possibilidade de as pesquisas amostrais subestimarem a renda real entre os mais ricos. Exatamente quanto, porém, ninguém sabia, e por isso a maioria dos pesquisadores não tratava do assunto ao interpretar seus resultados.

A situação mudou um pouco com a divulgação de dados do Imposto de Renda de Pessoa Física em meados dos anos 2010. Esses dados também têm seus problemas, mas tendem a dar uma visão melhor do que acontece no topo. Em 2014, Fábio Avila de Castro defendeu uma dissertação de mestrado sobre incidência do Imposto de Renda. Tal dissertação alterou os termos do debate sobre desigualdade no Brasil. Para fazê-la, Fábio usa dados da Receita Federal, produzindo tabelas que não eram difundidas desde o final da década de 1980. Com a defesa da tese, essas tabelas tornaram-se públicas e permitiram revisar pontos importantes do que sabíamos a respeito do tema.

Na verdade, no mundo todo os dados de Imposto de Renda foram, durante décadas, a única fonte de informação sobre desigualdade. No Brasil há dados sobre isso desde 1926, o primeiro ano em que o imposto foi efetivamente coletado. O autor do estudo? Francisco Tito de Souza Reis, que, ao deixar o posto de diretor da escola agrícola onde estudaram Hoffmann e Duarte, dedicou-se a implementar o Imposto de Renda de Pessoa Física no Brasil. Em 1930, Souza Reis analisa a distribuição da renda declarada para fins tributários em *O Imposto de Renda em seis annos de adaptação no Brasil: 1924-1929*, que atualmente mantém o título de precursor de todos os estudos sobre desigualdade de renda no país.

O bordado dessa toalha de renda tem mais pontos. Apesar de os censos de 1940 e 1950 não coletarem dados de renda, dois estudos de 1949 analisam o assunto. O mais relevante deles é "Dados e observações sobre a distribuição das rendas das pessoas físicas contribuintes do Imposto de Renda no Brasil". O autor de ambos é Giorgio Mortara, o italiano que então vivia no Brasil. Depois desses, alguns outros estudos isolados e pouco conhecidos surgiram, mas foi só a partir de 2014 que Pedro Ferreira de Souza começou a juntar todos os pontos e produzir uma série de publicações intermediárias que culminaram no livro *Uma história da desigualdade: A concentração de renda entre os ricos no Brasil 1926-2013*. Das várias conclusões do livro, uma é particularmente importante aqui: até onde sabemos, as pesquisas amostrais disponíveis têm limitações significativas quando o assunto é a renda dos ricos.

No momento, a principal solução para o problema é seguir a tradição anterior e estudar os ricos usando dados do Imposto de Renda. Nesses dados, a composição dos rendimentos nos 10% mais ricos da distribuição de renda pessoal entre adultos no Brasil varia no tempo e entre estratos de renda. Quanto mais alto se vai nessa distribuição, menor passa a ser o peso dos rendimentos associados apenas ao trabalho e maior a importância de lucros, dividendos, rendas de empresas, ganhos de capital e rendimentos financeiros.[2]

Tais termos têm significados específicos. "Rendimentos associados ao trabalho" é um conceito que tenta isolar, um pouco, trabalho de capital; engloba salários, aposentadorias e a remuneração presumida do trabalho rural. Não isola com perfeição porque os dados das tabelas do Imposto de Renda não permitem separar as rendas de aluguéis pagos a pessoas (não a empresas), as quais são, integralmente, rendas de capital.[3] "Lucros e dividendos", por sua vez, são rendimentos mistos, combinam a remuneração do capital à do trabalho do capitalista, e, sobretudo no Brasil, constituem uma forma de mascarar em pessoas jurídicas os rendimentos de trabalho, fenômeno conhecido jocosamente como "pejotização", cuja finalidade é, com frequência, burlar uma tributação mais alta. Ganhos de capital com a venda de bens e ações, assim como rendas de aplicações financeiras, são "rendimentos de capital puros".

No período que vai de 2006 a 2012, os rendimentos associados ao trabalho representam cerca de dois terços de todos os rendimentos entre os 10% mais ricos. Lucros e dividendos variam entre 10% e 14% do total; na verdade, um pouco mais, pois são declarados ao Imposto de Renda depois de descontada a tributação. Ganhos de capital com a venda de bens e ações, em torno de 5%. Aplicações financeiras, ao redor de 4%. Heranças e meações, um pouco menos que isso, de 2% a 4%. Informação posterior a esse período é mais escassa e fortemente afetada por fases de recessão e estagnação, até pelo menos 2022.

Mas isso é para um grupo extremamente heterogêneo, os adultos 10% mais ricos. Quanto mais ricas são as pessoas, maior a importância do capital em suas rendas. Nos menos ricos entre elas, dos 90% aos 95% da distribuição, ou seja, entre os 10% e os 5% mais ricos, os rendimentos associados só ao trabalho são, indiscutivelmente, o principal componente da renda em 2012. Já no 1% mais rico, o trabalho puro não chega a responder por metade do total, em especial quando se considera que na categoria dos rendimentos associados ao trabalho estão incluídos rendimentos de aluguéis. Se os dados disponíveis do Imposto de Renda fossem mais refinados, é possível que as diferenças fossem ainda maiores, sobretudo em estratos mais altos.

Com tais informações já dá para arrematar o bordado. Um grupo muito pequeno da população detém uma fração muito grande da renda. Parte dessa renda não é recebida regularmente, como são os salários. Outra parte é variável, como os investimentos; suas variações absolutas de valor não costumam ser monitoradas pelas famílias. Só pesquisas domiciliares bastante sofisticadas são capazes de monitorá-las satisfatoriamente, mas pesquisas assim são caras e infrequentes. O mais comum é que os dados de pesquisas domiciliares subestimem o nível de renda das pessoas mais ricas e a composição dessa renda. A conclusão de estudos baseados apenas nelas tende a replicar esse viés.

Os dados usados por Hoffmann, Duarte, Fishlow e vários outros não lidam muito bem com as rendas no topo. Os usados por Souza Reis e Mortara lidam, mas têm outro problema: como apenas os mais ricos pagam Imposto de Renda, esses dados lidam mal com as rendas na base. Só a partir de 2014 as informações de Imposto de Renda e de pesquisas amostrais passam a ser sistematicamente combinadas.

Para quem olha de fora, combinar as duas fontes de dados parece uma solução simples e óbvia, um procedimento que poderia ter sido implementado ainda na década de 1970. Acredite, não é, porque, tecnicamente, essa combinação está sujeita a vários tipos de dificuldades. Coisas que hoje parecem triviais foram, em algum momento, barreiras quase intransponíveis para os primeiros estudiosos e seus sucessores. É muito importante reconhecer o esforço imenso que essas pessoas fizeram para resolver o problema que identificaram.

Independentemente das fontes de dados, no mundo inteiro há uma tendência de aumento da participação dos rendimentos do capital na renda total à medida que se sobe a classes mais ricas. Faz sentido. Para uma pessoa pobre, o esforço de poupar é imenso; para uma pessoa rica, pequeno. Quem poupa pode investir; logo, investir é mais fácil para uma pessoa rica do que para uma pessoa pobre. Capital é riqueza que se reproduz; logo, quanto mais capital inicial, mais fácil poupar e investir, num círculo virtuoso para quem tem dinheiro. Esse raciocínio se dá dentro de algumas condições particulares, mas no geral o bom senso por trás dele é um guia razoável.

Isso ajuda a entender por que motivo, para a grande massa da população, a fonte predominante de renda é associada ao trabalho; para os mais ricos, no entanto, tornam-se importantes as rendas associadas ao capital, sejam elas puras ou mistas. Quanto, exatamente, varia de país a país. Isso ocorre não só por razões reais, mas também pela forma como os dados são contabilizados.

Apenas quando rendimentos mistos de trabalho e capital, como os lucros e dividendos, são inteiramente classificados como trabalho é que os rendimentos do trabalho são majoritários no topo. Faz algum sentido reclassificar parte desses rendimentos como trabalho, pois parte deles resulta de manobras contábeis para evitar uma tributação mais alta (pejotização), mas parece exagero entender que sua totalidade é remuneração do trabalho, especialmente nas partes muito altas da distribuição.

No Brasil, a importância dos lucros e dividendos é crescente com a renda, indo de 3% do total (dos 10% aos 5% mais ricos) a

24% (1% mais rico). O mesmo ocorre com os rendimentos financeiros, que sobem de 1% da renda dos 10% a 5% mais ricos para 6% do total do 1% mais rico. Para os mais ricos também são bem relevantes os ganhos com a realização de capital, tais como certas aplicações financeiras e os lucros obtidos na compra e venda de imóveis e outros bens. A parcela dos ganhos de capital alcança 9% da renda total do 1% mais rico. As heranças e meações de patrimônio em divórcios etc. também têm um papel na renda que não pode ser ignorado: chegam a 5% do valor total declarado pelo 1% mais rico. Abaixo dos 5% mais ricos, tendem a ter pouca relevância. Tais proporções são todas médias: algumas pessoas ganham mais, outras menos do que elas.

Esses resultados dizem que a composição da renda dos ricos é diferente. O passo seguinte é inferir que coisas diferentes afetam os níveis de renda dos ricos e pobres. Fatores como as taxas de juros dos títulos públicos ou o desempenho do mercado financeiro, por exemplo, não afetam diretamente a renda das pessoas mais pobres (mas têm efeito indireto, não sejamos displicentes); no outro extremo, fatores como educação não afetam tanto a renda dos mais ricos, como fazem com a dos mais pobres.

A interpretação de alguns desses resultados exige certa cautela. Renda é variação de riqueza dentro de um período definido. Qualquer valor recebido coloca pessoas em posições mais altas da distribuição naquele período, mas não necessariamente nos demais períodos. Heranças e meações são montantes relativamente altos recebidos de uma única vez que, naquele ano, colocam seus beneficiários em classes de renda mais altas que nos anos anteriores ou mesmo posteriores. Em alguma medida isso também ocorre com ganhos de capital, embora estes tendam a ser recebidos com frequência muito maior e, portanto, não devam ser tratados com o mesmo caráter de excepcionalidade. Ademais, meações de patrimônio não são classificadas como renda, mas com os dados disponíveis não é possível isolá-las nos cálculos.

Além disso, essas composições se baseiam em declarações anuais e, portanto, expostas a um período maior de inflação que as de pesquisas amostrais que captam informações mensais. Dito isso, algumas correções monetárias de rendimentos de capital são ganhos relativos a outras fontes de renda, no sentido de que "não perder já é uma forma de ganhar", isto é, não permitem perdas reais que rendas não reajustadas, como as do trabalho, sofrem com a inflação. A ideia é que todas as fontes de renda perdem com a inflação, todavia as fontes com correção monetária frequente perdem menos, o que, em termos relativos, tem o mesmo efeito que um ganho quando se avaliam as mudanças nas composições da renda total. As composições também não dão conta de rendas que são recebidas por pessoas jurídicas mas que não são redistribuídas às pessoas físicas, ao menos no período em que a informação é captada.

O que tudo isso mostra é que a composição da renda dos mais ricos é diferente da observada na massa da população. Nos rendimentos das pessoas acima do 1% mais rico, aproximadamente, não predomina a renda do trabalho, e sim as remunerações do capital. Os muito ricos também trabalham, mas boa parte de sua renda deriva de uma composição de rendimentos relacionados a direitos de propriedade.

Consequentemente, políticas desenhadas para reduzir a desigualdade na massa de população são insuficientes para tratar da desigualdade total, pois deixam de fora uma parte grande da diferença entre os muito ricos e os demais. Expansões do ensino médio, por exemplo, tendem a equalizar trabalhadores na base da pirâmide, mas têm efeito total sobre a desigualdade limitado. Já a tributação progressiva afeta mais o topo e por isso tem mais potencial de reduzir a desigualdade. Porém, no fim das contas, serão combinações e não uma política isolada que tornarão o Brasil um país mais igualitário.

Os ricos são um país desigual

A concentração de renda nos 10% mais ricos é muito grande.[1] Esse grupo recebe algo em torno de metade de toda a renda do país. Mas a concentração dentro dele também é muito alta. O 1% mais rico concentra a maior parte de todos os tipos de renda declarados pelos 10% mais ricos, exceto os rendimentos do trabalho. Rendimentos associados ao capital são tão concentrados que são recebidos, quase que integralmente, pelas pessoas mais ricas do país.

O 1% mais rico recebe algo em torno de três quartos de todos os lucros, dividendos e rendas de empresas do país. Um grupo cinco vezes maior, o estrato dos 10% a 5% mais ricos, recebe apenas três centésimos desses rendimentos. É uma diferença enorme, especialmente porque ocorre entre os estratos de renda mais alta.

A concentração dentro dos ricos se repete em outras fontes de renda. Três quartos das heranças, doações e meações são recebidos pelo 1% mais rico. Também três quartos de todos os rendimentos de aplicações financeiras e renda variável são apropriados pelo 1% mais rico da população. Ainda mais concentrados são os ganhos de capital: quatro quintos desses rendimentos são recebidos pelo 1% mais rico. Nenhum rendimento é tão concentrado quanto esses, o que sinaliza uma enorme concentração da riqueza patrimonial.

Isso significa que os 10% mais ricos são um grupo bastante desigual, não só em seu nível de renda mas também na composição de suas rendas. Essa desigualdade é dada, em boa parte, pela desigualdade nos rendimentos de capital. O 1% mais rico concentra a grande maioria dos rendimentos do capital no Brasil. Pelo que sabemos sobre a composição nos 10% mais ricos, é possível que tal concentração seja muito grande em grupos ainda menores, como o 0,1% mais rico, mas os dados disponíveis não permitem fazer essa estimativa com confiança.

Se os 10% mais ricos do Brasil fossem um país separado, esse país seria muito desigual. Em 2012 o coeficiente de Gini dentro dos 10% mais ricos, apenas, era de 0,508, que é um valor alto.[2] Para o Brasil como um todo, por exemplo, o valor era de 0,666.[3] Os rendimentos de trabalho, aposentadorias e aluguéis não chegam a contribuir para metade dessa desigualdade. Lucros, dividendos e rendas de empresas contribuem para um quarto dela. A contribuição dos ganhos de capital é de cerca de um décimo, e três categorias — aplicações financeiras, heranças e meações e outros rendimentos — se aproximam, cada uma, de um vigésimo da desigualdade. Simplificando um pouco, os rendimentos associados ao capital têm, em geral, uma concentração cerca de duas vezes maior que a observada nos rendimentos associados ao trabalho.

A desigualdade no Brasil é alta porque a renda é muito concentrada no topo, e mesmo dentro dos 10% mais ricos há bastante heterogeneidade. Isso tem uma série de implicações, sendo a mais imediata a de que as causas da desigualdade variam conforme o tipo de rendimento. Não há nenhum motivo evidente para se achar que os principais determinantes das desigualdades salariais serão também os principais determinantes da desigualdade no recebimento de rendas de capital. Educação, idade, gênero e raça explicam satisfatoriamente o que acontece na massa de população de renda mais baixa, mas não necessariamente o que acontece no topo da pirâmide, cujo peso sobre a desigualdade total é muito grande. Em outras palavras, o que explica a desigualdade na base não explica bem a desigualdade no topo nem a desigualdade entre o topo e o restante.

O negro no mundo dos ricos

Estatísticas dão rigor e precisão, mas muita sociologia se aprende olhando fotos de formatura. Ao longo de décadas, as fotos de formatura de um curso de medicina, por exemplo, um curso de elite, mostram formandos brancos e, de vez em quando, um ou outro formando negro. Metade da população brasileira é negra. Quatro em cada cinco pacientes internados no Sistema Único de Saúde são negros, mas só um em cada cinco médicos do país é negro.

Entre numa escola de engenharia, direito ou economia, e a história se repete — brancos formando elites brancas ao longo de décadas. Nas fotos de lideranças no Congresso Nacional é a mesma coisa. Um exército de negros sendo comandado por uma elite branca, literalmente: nas instituições militares há negros nas baixas patentes, mas quase só brancos nas mais altas.

A seleção de elites é uma corrida muito mais longa para os negros. À medida que aumenta o nível de ensino, a probabilidade de um negro superar etapas educacionais é menor que a de um branco, o que significa que, embora colocando-se exatamente a mesma quantidade de negros e brancos em competição, o resultado final será predominantemente branco. As fotos são apenas a prova visual dessa situação.

Isso está mudando lentamente. Em 2004, a Universidade de Brasília abriu as inscrições para seu primeiro vestibular com cotas raciais. Esse vestibular provocou reações fortes e predições catastróficas. Quem defendeu cotas universitárias no início dos anos 2000 ouviu o que não queria e se surpreendeu com os tipos de argumento que a defesa de privilégios raciais é capaz de levantar. Mas o fato é que as coisas mudaram e o ensino superior se mostrou muito mais aberto a negros e indígenas e mais tolerante com minorias em geral, tal como no passado incluiu as mulheres brancas das elites econômicas. As coisas estão mudando, porém o caminho não pode ser só a educação. Desigualdades educacionais não podem ser resolvidas com rapidez, mas frear discriminação racial e agir positivamente para compensar desvantagens leva bem menos tempo.

Quem quer entender desigualdade no Brasil tem que olhar para a desigualdade racial. Quem quer entender desigualdade racial tem que olhar para os ricos. Uma parte muito grande da desigualdade racial nos salários é dada pela diferença entre os trabalhadores de renda alta e os demais trabalhadores. As portas do mundo dos ricos são muito estreitas, mas para os negros elas estão praticamente fechadas e não vão se abrir sozinhas.

O negro no mundo dos ricos é o título de um livro de Emerson Rocha sobre a composição racial do grupo de renda mais alta no Brasil. É um livro importante porque olha para um assunto pouco discutido, a presença de negros entre os ricos. Um assunto que merece destaque, pois riqueza é poder e ricos tomam decisões que afetam muita gente. Parte da perpetuação da desigualdade racial no Brasil possivelmente está associada à composição de suas elites.

Os negros são uma minoria no grupo dos ricos e, entre eles, são os menos ricos. Não é simples explicar essa desigualdade sem passar seriamente pela ideia de racismo estrutural. Fatores que são tomados como determinantes da desigualdade em geral não conseguem predizer muito bem as chances de negros e brancos estarem entre os ricos. A raça, no entanto, ganha importância à medida que se vai para partes mais altas da pirâmide social.[1] Ou seja, raça é uma barreira crescente, a qual se torna mais difícil de superar conforme as pessoas vão ficando mais ricas. De certa forma, isso apoia a ideia disseminada de alguma tolerância racial na economia "desde que os negros saibam seu devido lugar", que já foi discutida pela sociologia brasileira.[2]

Isso não quer dizer, por exemplo, que educação não contribui para aumentar a renda dos negros. Sim, ajuda, e os negros enfrentam uma série de obstáculos para acessar o ensino superior, que é o nível de educação necessário para produzir mobilidade de longa distância. Ocorre que há uma interação perversa entre educação e raça: a educação dos negros é menos valorizada. Mesmo com educação equivalente, um negro tem chances menores de estar nas elites econômicas do que um branco. Na verdade, muito menores. Na média, elas equivalem a menos da metade das chances dos brancos, embora se comparem grupos com as mesmas características, exceto raça.

A condição das mulheres negras é ainda pior. Elas acumulam discriminações de gênero e raça que interagem e se multiplicam. A hierarquia de chances de estar nas elites econômicas que deriva dessas discriminações é a seguinte: homens brancos têm vantagens sobre mulheres brancas, que têm vantagens sobre homens negros, todos acima das mulheres negras, mesmo com o controle das diferenças decorrentes do nível educacional e de outros fatores. É evidência demais acumulada, é gente demais afetada, é diferença demais resultante do problema, mas na década de 2020 ainda há gente que acredita que o problema não é tão relevante e que defende que se trata apenas de uma cortina de fumaça que enevoa questões maiores.

As barreiras não são apenas econômicas. Raça não é apenas um obstáculo à riqueza, é também um obstáculo à distribuição do poder. Na prática, isso significa que além de os negros serem minoria entre os ricos, até entre os ricos os negros estão segregados. Negras e negros ricos têm apenas um terço, aproximadamente, da chance que têm brancas e brancos ricos de serem altos executivos de empresas; e menos de um quinto de serem liderança na sociedade civil. As chances só se tornam equivalentes para pequenos empregadores. As chances de negras e negros ricos fazerem parte das elites de poder estão concentradas em cargos de representação política. Muita coisa pode estar por trás disso e Emerson Rocha é cauteloso ao discorrer sobre o assunto. Mas uma coisa parece certa: o acesso ao poder é influenciado por raça.

O obstáculo à participação nas elites de poder não é apenas uma constatação de desigualdade racial do presente. As implicações podem muito bem alcançar a desigualdade futura. Em alguma medida, a reversão da desigualdade racial em todos os grupos da sociedade depende de ações e reações das elites de poder. A entrada de negras e negros nessas elites não é garantia de ação igualitária, mas é bem possível que a diversidade racial nas elites crie condições mais favoráveis para a redução do racismo na sociedade como um todo. Isso justifica investir em medidas de equalização de elites com viés explicitamente racial, como cotas de ensino superior ou para posições hierárquicas mais altas no trabalho. No longo prazo, essas medidas podem não ser suficientes para reduzir as desigualdades, afinal sozinhas elas não eliminam todas as barreiras raciais, mas são um ponto de partida a ser levado a sério.

A riqueza dos ricos

Antes de desmoronar, o Império Russo deu origem a dois nomes importantes para os estudos de desigualdade. Um foi Simon Smith Kuznets. O outro, Pitirim Alexandrovich Sorokin. Cada um foi alçado à fama por motivos distintos, mas os dois tinham histórias de vida impressionantes e uma grande preocupação com teorias de ciclos de longo prazo — a ideia de que a história não progride em linha reta, e sim em ondas, e ver através das ondas é fundamental para entender a sociedade. Tema que, por sinal, também interessava a Nikolai Kondratieff, outro russo importante, amigo de infância de Sorokin.

Kuznets foi um historiador com currículo de economista. Nasceu em 1901 numa família rica em Pinsk, cidade predominantemente judia em território russo, posteriormente território polonês em 1921 e hoje parte da Bielorrússia. Em 1907, quando ele tinha seis anos, seu irmão mais velho e seu pai imigraram para os Estados Unidos. Simon permaneceu com um irmão mais novo e a mãe. Passados dois anos, ele, o irmão e a mãe se mudam para Rivne, na época parte do Império Russo e hoje pertencente à Ucrânia.

Com a perseguição a judeus, a família mudou-se para Khárkov, Império Russo, hoje também pertencente à Ucrânia. Ele prosseguiu nos estudos até o nível universitário, mas não chegou a se graduar. Em 1921 sua família foi deportada para a Polônia e o pai insistiu para que ele fosse para os Estados Unidos. Simon, que cuidava da mãe, inicialmente resistiu, porém, depois de ser preso sem motivo específico, migrou em 1922 com o irmão mais novo e avançou no ensino superior. Nos Estados Unidos, Simon, que havia nascido Shimen (Semyon) Abramovich Kuznets, trocou seu nome pela versão americanizada que era usada por seu pai. Completou a graduação em 1923, o mestrado em 1924 e o doutorado em 1926.

Era um pesquisador extremamente versátil, mas seu tema principal eram os comportamentos econômicos de longo prazo, com ênfase em ciclos econômicos e crescimento. Foi presidente da Associação Americana de Economia e da Associação Americana de Estatística e fundou a Associação Internacional para a Pesquisa da Renda e da Riqueza. Ganhou o prêmio Nobel de Economia em 1971 e a medalha Francis Walker em 1977. Várias ideias importantes em economia são associadas a seu nome. Uma delas é a Curva de Kuznets, a conjectura de que o momento inicial da modernização é acompanhado de aumento de desigualdade, mas sua maturação é acompanhada de equalização. Outra é o PIB.

No começo da década de 1930, a economia americana mal saía de uma recessão enquanto os indicadores da economia soviética cresciam a taxas assombrosas. O governo dos Estados Unidos estava empenhado em medir a produção total da economia do país para melhorar seu planejamento e adotar medidas de aceleração do crescimento. O PIB mede um fluxo, produção, que é expressa em renda, mas não diz nada sobre o estoque, a riqueza. Calcular o PIB, tanto naquela época como hoje, não é uma tarefa fácil. O processo exige uma série de aproximações e imputações, muitas das quais usando dados limitados. O prato que o PIB serve é limpo e elegante, mas a cozinha que o prepara, não. O papel de Kuznets foi ajudar uma equipe a tornar o processo o mais rigoroso possível.

Sorokin, por sua vez, foi um revolucionário com currículo de sociólogo. Nasceu na Rússia, numa família pobre. Passou fome. Órfão de mãe aos três anos de idade, aos onze passa a ser criado por seu irmão apenas três anos mais velho, ganhando a vida como artesão. Aos catorze começa a se envolver em política e passa a fazer resistência ao czar. É preso por conspiração. Funda o Departamento de Sociologia da Universidade de São Petersburgo. Entra para o Partido Socialista Revolucionário da Rússia, o mais votado nas eleições democráticas para a Assembleia Constituinte Russa de 1917, e nele atua como secretário do primeiro-ministro Alexander Kerensky. Luta contra a perseguição dos bolcheviques aos anarquistas e socialistas revolucionários, é preso novamente e condenado à morte. Perdoado, engaja-se mais uma vez na resistência aos bolcheviques e é perseguido novamente. Foge ao longo de dois meses por pântanos e florestas durante o inverno, é preso novamente e condenado à morte mais uma vez. Recebe a clemência de Lênin, é perseguido novamente e exila-se em Praga, na Checoslováquia.[1] Em 1923 migra para os Estados Unidos, trabalha como professor e funda o Departamento de Sociologia de Harvard. Em seis anos, ele escreveu seis livros.[2] Toda vez que você achar que há muita pressão em sua vida intelectual, lembre-se de Sorokin.

Mas não foi só isso. Enquanto escrevia seus livros, Sorokin também escreveu um artigo sobre ricos. Em 1925 publicou "American Millionaires and Multi-Millionaires: A Comparative Statistical Study",[3] que usa dados de declarações do Imposto de Renda e é um dos precursores dos estudos quantitativos de mobilidade social entre gerações. A conclusão do estudo é que praticamente não havia mobilidade. A estrutura social se reproduzia, num processo similar ao de uma sociedade de castas. O objeto do estudo? A distribuição da riqueza patrimonial.

Medir a distribuição da riqueza patrimonial é muito difícil. Mais difícil que medir o PIB. O prato não sai tão bonito e a cozinha é ainda mais suja. Antes de Sorokin, a estimação já havia sido tentada. Em 1915 o governo dos Estados Unidos encomendou um estudo que resultou no Relatório Walsh para a Comissão de Relações Industriais.[4] Os esforços foram impressionantes. As conclusões também: em 1914 as fortunas dos ricos eram reprodução, uma onda ampliada de um ciclo que começa com a herança. As estimativas, no entanto, enfrentavam dificuldades consideráveis quanto à disponibilidade de dados.

Kuznets e Sorokin preocupavam-se com o comportamento de longo prazo da desigualdade. Mas Kuznets olhou mais para a renda, ao passo que Sorokin mirou a riqueza. Tão importante quanto conhecer a distribuição de renda, ou talvez mais importante, é conhecer a distribuição da riqueza acumulada. Na linguagem comum e na técnica, emprega-se o termo "riqueza" para fazer referência tanto a renda como a patrimônio, portanto cabe aqui estabelecer uma diferenciação: riqueza, neste capítulo, significa patrimônio. Por sua vez, patrimônio diz respeito a coisas que têm valor econômico acumulado, como bens, imóveis e propriedades. Também inclui empresas, aplicações financeiras, depósitos bancários, propriedade intelectual e até direitos, como dinheiro que foi emprestado e será recebido de volta. Essas coisas têm um valor monetário, e é esse valor que usamos para medir riqueza.

Não sabemos muito bem qual é a distribuição do PIB entre as pessoas no Brasil, mas já há empenho para mudar isso: esboços de cálculo de Contas Nacionais Distributivas estão sendo feitos. Também não sabemos muito bem qual é a distribuição da riqueza entre as pessoas no Brasil, mas avançar nisso tem se revelado mais difícil. As razões são várias e alguns problemas têm solução viável. Ou seja, sabemos pouco, porém podemos saber muito mais sobre a distribuição da riqueza. Antes de mostrar resultados, é bom entender suas vulnerabilidades, por isso o assunto merece um pouco mais de detalhamento.

Conhecer a distribuição da riqueza no Brasil pode ter impacto imediato sobre uma série de políticas, entre elas as tributárias. Mas os impactos não se limitam à tributação. Esse tipo de conhecimento permite subsidiar políticas habitacionais ou de estímulo ao investimento, bem como entender melhor o funcionamento dos mercados de ações e financeiro e os padrões de consumo e poupança da população.

Volta e meia aparecem na mídia estimativas da concentração da riqueza no Brasil. Quase sempre se fazem essas estimativas por métodos indiretos, cujas vantagens e limitações são amplamente reconhecidas.[5] Métodos indiretos funcionam mais ou menos assim: em países onde se conhece a distribuição de riqueza, busca-se a relação dessa distribuição com a distribuição de renda; naqueles onde não há bons dados, como o Brasil, usa-se a relação observada nos outros países e a distribuição de renda local para inferir qual é a distribuição da riqueza.

Métodos indiretos são usados em estimativas de várias coisas relevantes. O cálculo do PIB, por exemplo, é recheado de estimativas feitas dessa forma; envolve uma série de aproximações e imputações. O problema não está tanto na falta de observação direta, mas no fato de que tais métodos foram desenhados para estimar a distribuição da riqueza global, na qual a distribuição brasileira tem efeito pequeno e, consequentemente, os erros referentes ao Brasil não são um problema maior. A cena muda quando o objetivo é focar no Brasil.

Os métodos indiretos mais usados embutem alguns pressupostos. O mais importante deles é que a relação entre distribuição da renda e distribuição da riqueza é a mesma, digamos, no Brasil, na Europa e na América do Norte. A pressuposição não é razoável por uma série de motivos, mas se destaca o fato de que os níveis de renda são muito mais altos na Europa e na América do Norte. Quem tem pouca renda consome tudo o que tem, não acumula. Riqueza é renda acumulada. Para a maior parte das pessoas, poupar é mais difícil no Brasil simplesmente porque a massa da população brasileira é mais pobre; logo, há motivos para ter cautela e não supor que a relação renda-riqueza seja a mesma das diferentes frações das duas populações.

Pressupor que a relação renda-riqueza é fixa também leva a algumas situações pouco realistas. Por exemplo, se a desigualdade na distribuição da renda cai ao longo do tempo, é de esperar que a desigualdade na distribuição da riqueza também caia, mas a uma velocidade bem mais lenta. Pense no contrário, é mais fácil de entender. Riqueza é renda acumulada ao longo de anos. Para uma pessoa que já tem riqueza acumulada, um aumento de renda de 1% em um ano não se traduz, automaticamente, num aumento de 1% na riqueza, mesmo que a pessoa poupe integralmente o aumento de renda. O problema disso é que quando a distribuição de renda está se movendo em alguma direção, ficamos sem saber bem o que dizer do comportamento da riqueza.

O resumo disso tudo é que os métodos indiretos até dão uma noção geral de concentração da riqueza no Brasil suficiente para estimativas globais, nas quais os erros locais perdem relevância, pois estão diluídos em montantes muito maiores. Para analisar o Brasil, especificamente, esses métodos são menos confiáveis. Isso não quer dizer que devam ser desprezados, mas tão somente considerados imprecisos.

A alternativa é a observação direta. A principal fonte de dados para isso são as declarações de Imposto de Renda de pessoas físicas. Mas aqui também há uma série de dificuldades.

A primeira diz respeito ao acesso a dados. No geral tais dados são inacessíveis até mesmo para operações simples como, por exemplo, identificar valores absurdos decorrentes de erros. Em parte, isso acontece porque a lei brasileira de sigilo fiscal ignora o papel que um uso cauteloso de informações administrativas tem para o desenho de políticas. Esse é, talvez, o problema mais simples de ser corrigido.

A segunda refere-se ao valor registrado. Os bens imóveis, que representam mais da metade de todo o patrimônio declarado, devem ser registrados por seu valor de compra. O objetivo é tributar os ganhos de capital, isto é, a diferença entre a compra e a venda. A consequência disso é que o valor registrado dos imóveis torna-se subestimado, pois o tempo passou e o preço de muitos imóveis tende a subir, por uma combinação de inflação e valorização.

A subestimação afeta não só o nível de riqueza, mas também sua composição. Como aplicações financeiras não estão subestimadas, o papel dos imóveis na composição da riqueza torna-se menor do que deveria ser. Parte disso poderá em breve ser corrigida, já que as declarações agora envolvem dados como a data de aquisição. A correção, no entanto, exigirá operações diretas nos dados primários, que seguem inacessíveis.

A terceira dificuldade é a sonegação. Riqueza oculta. É importante notar que uma fração dessa riqueza está em outros países — majoritariamente, aplicações financeiras em paraísos fiscais, algumas declaradas, muitas ilegalmente escondidas. O mesmo efeito têm a sonegação, a sobrevaloração e a subvaloração de bens e cotas de empresas por má-fé — o que é bem diferente de registrar os bens por seu valor de compra conforme determina a lei.

A quarta é que, na prática, casais com comunhão de bens registram seu patrimônio ora concentrado na declaração de um só cônjuge, ora distribuído entre as declarações de ambos, o que gera dúvida sobre quanto do patrimônio em cada declaração de Imposto de Renda pertence a uma ou duas pessoas. Resolver isso exige a identificação de casais, o que depende de acesso aos dados primários.

Também é importante notar que a riqueza da população que não declara Imposto de Renda não está computada nesses cálculos de concentração. Computar a concentração da riqueza na população total é uma tarefa mais difícil do que fazer os cálculos de renda. Isso porque apesar de termos boas pesquisas de renda para os mais pobres, os dados de riqueza não são tão bons. Ou seja, não dá para combinar tão bem os dados de Imposto de Renda aos dados de pesquisas amostrais para estimar uma distribuição completa da riqueza, como se faz com a renda. Cálculos mais exatos exigem algumas pressuposições fortes e, em geral, pouco fundamentadas empiricamente. De todo modo, a riqueza fora dos declarantes não deve ser muita; basta lembrar que entre os adultos, os 5% mais ricos detêm a mesma renda que os 95% mais pobres.

Por essas razões, estimativas de distribuição devem ser entendidas como aproximações sujeitas a uma série de imprecisões. Todavia, isso não impede conclusões gerais sobre o nível e a concentração da riqueza. Independentemente de como os dados sejam tratados, a concentração é elevada.

No mundo existe um padrão recorrente: entre os mais pobres há pouco patrimônio; nas classes intermediárias, casa própria e outros imóveis são a principal riqueza das famílias; entre os ricos há um portfólio muito mais amplo, que inclui imóveis, empresas e investimentos financeiros. Essa riqueza costuma ser mais concentrada que a renda, em especial a do trabalho. Da combinação da concentração com a composição da riqueza decorre que a massa dos investimentos e ativos econômicos de uma sociedade está concentrada em poucas pessoas.[6] Os ricos não são apenas pessoas com mais riqueza; são pessoas com uma riqueza diferente da do restante da população.[7]

Tudo indica que o Brasil segue esse padrão. Os rendimentos de aplicações financeiras, os quais refletem riqueza acumulada, são por demais concentrados no 1% mais rico.[8] A propriedade da terra tem uma péssima distribuição, muito mais desigual que a da renda. O patrimônio, ao que tudo indica, também é mais concentrado que a renda.[9] Aqueles que declaram Imposto de Renda da pessoa física não são todos extremamente ricos, mas estão entre os mais ricos do país. Em proporção, os declarantes de Imposto de Renda equivalem a cerca de um quinto dos adultos brasileiros. Pois bem, em 2012, 99% de todo o patrimônio declarado à Receita Federal estava nas declarações de um grupo equivalente a 10% dos adultos do país.

Mesmo dentro desse grupo pequeno a concentração é alta. Metade de todo o patrimônio declarado estava nas declarações de 0,5% dos adultos. Eram pessoas com riqueza superior a R$ 1,5 milhão, em valores de maio de 2021. O pouco que sabemos sobre o final da década de 1990 reforça essa ideia, pois sugere que 1% dos adultos detinha mais de metade do patrimônio total declarado.[10] Mas é importante lembrar que isso está sujeito às ressalvas acima.

Seria ótimo ter uma resposta precisa para a pergunta: "Qual é a concentração da riqueza no Brasil?". Mas a resposta franca é que essa precisão ainda não existe. Não se sabe exatamente, embora com dados que já existem na década de 2020 fosse possível saber muito mais. O que parece ser seguro afirmar é que a riqueza é extremamente concentrada no topo da distribuição, até mais do que a renda.

Riqueza, renda e consumo são coisas diferentes

Não adianta tentar contra-argumentar: sapato de salto alto não foi feito para a locomoção e terno é algo que nenhum ser humano deveria usar numa região tropical. As pessoas, no entanto, insistem e arrumam boas desculpas para se apresentar assim. Não surpreende. Quando interagimos socialmente, assumimos papéis e usamos símbolos para construir esses papéis. São parte de uma simbologia da distinção. A riqueza de verdade está na propriedade de empresas, imóveis e investimentos. Todavia, a maioria das pessoas se atém mesmo aos símbolos de distinção. É um erro. O consumo de um bem de luxo não diz, automaticamente, que uma pessoa é mais rica que outra; diz apenas que ela gastou mais dinheiro do que outra em algo. Uma grande fazenda custa muito mais que um carro de luxo, mas é o carro que é facilmente visível e serve para emular papéis que as pessoas ricas querem representar. O consumo, no caso, é usado como indicador de riqueza.

Imagine esta notícia: "A crise acertou em cheio os negócios do multimilionário. Foi devastadora. Em uma semana ele perdeu um quarto de tudo o que tinha. Em dez dias ele já era a pessoa de renda mais baixa do país. Ninguém era tão pobre quanto ele. Foi um período exaustivo. Pegou seu avião particular e foi para sua mansão na praia descansar um pouco". Pode trocar o avião particular e a mansão por qualquer outro símbolo de prestígio. O que importa é a ideia. Agora pare e pense: soa absurdo o multimilionário ser a pessoa com a renda mais baixa do país? O multimilionário ser "pobre", no sentido de sua renda estar abaixo de uma certa linha de pobreza? Acompanhe o raciocínio para ver que tudo isso estaria tecnicamente correto. Esse acompanhamento é essencial para entender o conceito de renda. Aliás, os conceitos, porque há mais de um. Os conceitos de renda e riqueza são fundamentais para uma série de outras ideias, como desigualdade e pobreza, e, claro, para relacionar a tributação da renda à tributação do patrimônio, todos assuntos discutidos adiante.

A definição mais conhecida de "renda" é "variação do patrimônio líquido", denominada definição de Haig-Simons. Como é variação, ocorre num período que precisa ser previamente estabelecido, em geral um mês ou um ano. Patrimônio líquido é o estoque de bens possuídos ou a receber (por exemplo, dinheiro emprestado que será devolvido) menos as obrigações a pagar (por exemplo, dívidas). Simplificando, renda é um fluxo de riqueza para o estoque de riquezas. A renda pode, evidentemente, ser negativa, isto é, ser um consumo das riquezas acumuladas.

A maior parte das "distribuições de renda" que se usam hoje em pesquisa é baseada em resultados de pesquisas domiciliares ou registros administrativos e, mais recentemente, em combinações de ambos. Esses dados utilizam conceitos diferentes de renda.

A valorização ou desvalorização de um imóvel, por exemplo, não é regularmente contabilizada nas pesquisas como renda mensal, apesar de fazer variar o patrimônio, ao passo que o recebimento de prestações de uma aposentadoria privada (poupança prévia) é tratado como renda mensal, embora não seja um acréscimo de patrimônio. Em todo o mundo, pesquisas de orçamento familiar tratam como renda itens que na definição Haig-Simons seriam apenas mudanças de rubrica contábil. O valor de um carro vendido, ainda que desvalorizado pelo tempo, é tratado como renda positiva, variação patrimonial, mesmo que o patrimônio tenha apenas mudado de carro para dinheiro. Além disso, tratam como renda coisas que não aumentam o patrimônio, como a imputação de aluguéis para famílias que vivem em casa própria.

Isso não é um defeito. É apenas uma divergência entre o conceito de renda Haig-Simons e outras concepções do que venha a ser renda. Há uma série de justificativas para as diferentes definições. É plausível argumentar, por exemplo, que a valorização real do imóvel só ocorrerá de fato no momento em que ele for vendido — nem sequer ocorrerá quando for herdado e tributos forem cobrados. Ou ainda que a aposentadoria privada, a venda de um carro ou a posse de uma moradia devem ser vistas como renda, pois esta é o que assegura o consumo em determinado mês, como fazem as pesquisas de consumo.[1]

Muitas outras restrições são feitas à noção mais geral de renda. Por exemplo, restringir a contabilização aos rendimentos habituais, como fizeram e ainda fazem algumas pesquisas domiciliares. A mais evidente delas é a restrição à renda monetária. Se um empregado recebe dinheiro para pagar seu transporte ao trabalho, isso é considerado renda nos dados. Se recebe passagens para o transporte, isso pode ou não ser considerado como tal. Se recebe o transporte, raramente o será.

É verdade que se pode tentar imputar o valor do transporte recebido em espécie, mas essas questões não são sempre tratadas da mesma forma nas pesquisas. É mais simples fazer a imputação entre trabalhadores de baixa renda, por exemplo, do pagamento em produtos agrícolas, porém bem mais difícil é fazer isso no alto da distribuição, como imputar o pagamento de seguros-saúde empresariais. Geralmente, só as pesquisas detalhadas de orçamentos familiares tentam fazer algo nesse sentido, mas elas também têm dificuldades em captar informações do tipo.

A restrição à renda monetária distancia a renda do consumo. Por exemplo, as pessoas pobres que usam o SUS, assim como os mais ricos que se beneficiam dos seguros-saúde empresariais, consomem serviços de saúde sem utilizar sua renda mensal para isso. De certa forma, as pessoas consomem mais do que sua renda mensal nesses exemplos.

Todavia, uma distância ainda maior é dada pela poupança. Poupança é o processo de estocar riqueza — essa riqueza estocada não precisa ser apenas dinheiro parado, pode ser riqueza investida, dinheiro que gera dinheiro. Só investe quem pode, mas nem todo mundo que pode investe.

Entre as pessoas mais pobres, a maior parte da renda recebida é consumida no intervalo de recebimento (o salário do mês é consumido naquele mês); entre as pessoas mais ricas, não: elas tendem a poupar mais. Quando há poupança, a desigualdade no consumo é menor que a desigualdade na renda. No Brasil isso é constatado quando se comparam distribuições de renda e de despesa, que é uma aproximação para consumo monetizado.[2] Esse é um fenômeno que ocorre em todo o mundo. Na América Latina, a desigualdade na distribuição do consumo é cerca de 85% da desigualdade na distribuição da renda.[3]

Isso também muda com o endividamento, que é o oposto da poupança. Quem poupa e quanto as pessoas poupam depende de fatores complexos e varia no tempo. No Brasil, em 2002 e 2003, a tendência nos três quartos mais pobres era de algum endividamento. A partir de 2008, a tendência de endividamento dos mais pobres desapareceu.[4]

Não resolve o problema dizer "poupança é apenas consumo postergado", pois as coisas são mais sofisticadas. Renda refere-se a um período, o consumo postergado está fora desse período. Poupança pode ser herdada, riqueza desvalorizada, dois consumos postergados que jamais terão sidos realizados por um indivíduo.

O outro lado da poupança é o consumo de patrimônio. Uma pessoa pode consumir diminuindo seu patrimônio. Consumo e renda em um período são coisas diferentes. E isso não acontece apenas nos extremos. Uma família de pessoas sem emprego, por exemplo, pode viver em condições habitacionais, alimentares e de saúde totalmente adequadas se for capaz de consumir poupança — em alguma medida, é isso que uma aposentadoria privada permite fazer.

As definições de renda constroem as evidências sobre desigualdade e pobreza. Não existe definição certa ou errada de renda porque definições são instrumentos, adequados ou não aos propósitos a que se destinam. É óbvio porém importante dizer que existe um mundo real desigual e que as distribuições de renda são construções para tentar representar esse mundo. A representação é dada pela definição de renda.

O que se pode concluir disso tudo? Que não se pode esperar que as medidas de renda mostrem aquilo que as definições não permitem mostrar. Por exemplo, presumir que renda é um bom indicador de consumo é muito mais aceitável na análise da pobreza do que na análise da desigualdade. Não deve chocar nem um pouco saber que o multimilionário com negócios em crise que mantém um padrão de consumo alto é a pessoa mais pobre do país, se pobreza for definida como insuficiência de renda. O que pode causar espanto não está nas definições de renda, e sim no significado que se atribui a elas.

Tributação da riqueza não é nada de outro mundo

Políticas orientadas aos pobres têm impacto limitado sobre a desigualdade. Toda a assistência social brasileira, por exemplo, muda muito pouco a concentração da renda no país. Isso é previsível, afinal a maior parte da desigualdade no Brasil está relacionada às diferenças dentro dos ricos e entre os ricos e os demais. Desigualdade tem a ver com riqueza, não com pobreza. Por isso, políticas que afetam mais os ricos têm potencial maior de combate à desigualdade. A política tributária é uma delas. No entanto, no ambiente político a tributação da riqueza é tratada como um tabu. Não deveria ser.

No último dia de 2022, o Imposto de Renda completou cem anos. A resistência à sua criação foi muito grande. "Não vai arrecadar", "é difícil de administrar", "vai ser arbitrário" eram alguns dos argumentos contrários. Parte dessa resistência era sincera e refletia uma preocupação real com a implementação de um imposto sobre o qual havia pouca experiência. Outra parte, porém, era pura antipatia e defesa de interesses de grupos específicos.

Tentativas de desenhar um Imposto de Renda geral no Brasil remontam à década de 1860. Em 1891, Rui Barbosa, ministro da Fazenda, apresenta um relatório extremamente bem-feito, contendo exemplos de experiências internacionais e avaliações de especialistas brasileiros sobre o assunto que tinham sido coletadas uma década antes.[1] Em 1893 já havia arrecadação de impostos sobre vários tipos de renda, mas sem incidência geral na população. O Imposto de Renda geral foi criado no Brasil em 1922, prevendo o início da arrecadação para 1924. Era pago por todos os brasileiros, residentes ou não no país. Mas não havia a estrutura administrativa para sua implementação, menos ainda para sua fiscalização.

Tudo isso se desenvolveu à medida que o imposto era arrecadado e seu desenho revisado. Parte do aprendizado com essa experiência inicial está no excelente exemplo histórico do uso de evidências para a avaliação de políticas públicas, *O Imposto de Renda em seis annos de adaptação no Brazil: 1924-1929*, de Francisco Tito de Souza Reis.[2]

Décadas depois, a tributação sobre a renda é bem-aceita, considerada até melhor que inúmeros tributos anteriores. Há, nessa história, lições importantes para decidir como deve ser tributada a riqueza.

Há quem diga que renda e riqueza são duas coisas muito diferentes. Mas elas não são tão diferentes assim. Renda é variação da riqueza. A diferença está no movimento, no fluxo. Renda é um fluxo de riqueza. Riqueza é a renda estocada. Para ajudar com uma imagem, pense numa cachoeira que termina num lago. A cachoeira é um fluxo de água. O lago é um estoque de água. A cachoeira é a renda, o lago é a riqueza. O lago da riqueza pode represar muita água. Se o lago deságua num córrego, o que deságua é outro fluxo. O córrego é um fluxo de renda negativo da riqueza do lago, o análogo de um "gasto" de água.

Essa imagem é útil para pensar conceitualmente várias coisas, entre elas a diferenciação entre tributação da renda e tributação da riqueza. Também ajuda a entender a noção de integração tributária renda-riqueza, conhecida ainda como compensação tributária. Um tributo pode ser pensado como um recolhimento de água. Se não dá para coletar água na cachoeira, coleta-se no lago. Por outro lado, se a água do tributo for coletada na cachoeira, não há por que coletar novamente no lago; a água da cachoeira compensa a do lago. A tributação da riqueza é uma alternativa à tributação da renda, mas a tributação da renda pode compensar a da riqueza num sistema integrado. A compensação (ou integração) é um argumento forte para a tributação da riqueza; ela funciona como uma espécie de imposto mínimo, ao mesmo tempo que evita uma sobrecarga tributária. Nem é preciso dizer que ninguém define um sistema tributário a partir de uma imagem tão simplificada. Essas imagens servem apenas para ajudar o entendimento.

A riqueza de uma pessoa é seu patrimônio, descontadas as dívidas. Há toda uma nomenclatura contábil e jurídica para dar mais precisão a essas ideias, mas o que interessa aqui são mesmo as ideias menos precisas. Uma pessoa que pega um empréstimo no banco e compra uma mansão imensa é rica? Só pela mansão, não. Para o valor da mansão existe uma dívida correspondente no banco. Um dado importante para avaliar a riqueza é o patrimônio líquido de dívidas. A riqueza das pessoas é o que elas têm menos o que elas devem.

Isso ajuda a entender melhor como funcionam alguns tributos. No Brasil há um imposto sobre a riqueza bem conhecido, o IPTU. Não é o único; existem outros, como o Imposto Territorial Rural (ITR). É um imposto antigo, cobrado desde os tempos da Colônia e do Império, e sua história no mundo começa há milhares de anos. Imóveis, em geral, eram mais simples de identificar do que renda, operações financeiras ou transações comerciais. Antes dos avanços digitais, tributar imóveis era muito mais fácil do que tributar outras coisas.

O IPTU é um imposto sobre a riqueza, mas apenas sobre a riqueza bruta. Ele funciona como se tributasse a propriedade, o imóvel, e não a pessoa proprietária do imóvel. É cobrado da mesma forma tendo o proprietário comprado sua casa à vista ou por meio de empréstimo, isto é, ignora as dívidas. Também não é progressivo em relação à riqueza da pessoa, pois é cobrado da mesma forma de quem tem uma única casa e de quem tem uma centena de casas. Quando muito, é progressivo em relação ao valor do bem. Além disso, no Brasil atual não se integra a outros tributos, como o Imposto de Renda. Pensando nesses termos, na relação entre o IPTU, a riqueza e a renda, não é difícil imaginar que se podem desenhar tributos sobre patrimônio melhores que o IPTU.

Cerca de metade de toda a riqueza pessoal declarada à Receita Federal é de bens imóveis — casas, prédios, terra. Essa metade da riqueza brasileira declarada já é objeto de tributação. A questão, portanto, não é se o Brasil deve começar a tributar patrimônio, mas o que fazer com a outra metade dessa riqueza e se isso deve ser unificado num tributo único, progressivo e integrado a outros tributos.

Fuga de capital não é certa

Assim como foi na história do Imposto de Renda, há resistência à tributação da riqueza. Os argumentos em 2022 eram praticamente os mesmos usados contra o Imposto de Renda em 1922, "não vai arrecadar", "é difícil de administrar", "vai ser arbitrário". Mas a história já mostrou que isso pode ser superado com o tempo. Existe, todavia, um argumento adicional que precisa ser considerado: fuga de capital. Com a globalização financeira, tornou-se muito mais fácil evadir capital, tanto legal como ilegalmente. O mundo inteiro se deu conta disso e está criando leis para controlar a situação. O problema, porém, não pode ser desprezado.

O argumento "se tributar riqueza, haverá fuga de capital" é mal elaborado, não diz nada sobre o "quanto" e o "como" dessa fuga. Na prática, ele é tão vago que se aplica a qualquer tipo de reforma tributária, afinal, qualquer mudança em tributos tem potencial para causar mudanças em comportamentos. O assunto merece mais seriedade na análise, e um pouco de reflexão sugere que é possível obter os benefícios de tributar riqueza evitando boa parte dos custos de fugas relevantes de capital.

Todo imposto tem um impacto negativo na economia. O que interessa não é criar um imposto sem impacto, mas um imposto cujos custos sejam menores que os benefícios para a população em geral e para a mais pobre em particular. O problema não é haver fuga de capital — alguma deve ser esperada —, e sim haver fuga de capital relevante o suficiente para criar problemas expressivos.

Antecipar isso é mais difícil do que parece. O movimento de capitais em resposta a um novo tributo depende de uma série de fatores, entre eles o desenho do tributo, a carga imposta por ele, sua relação com outros tributos, a capacidade de fiscalização, a composição do capital no país, as perspectivas futuras da economia, e muito, mas muito importante, como tudo isso se dá também em outros países que potencialmente poderiam competir por esse capital. É por essa razão que há certas limitações para aprender com a experiência de outros países com inovações tributárias passadas.

Quem diz que haverá fuga massiva de capitais pode não saber muito bem o que diz, o que é ruim para uma discussão séria sobre o assunto. Em hipótese alguma as decisões devem ser guiadas pelo medo de fugas massivas de capital sem evidências claras de que elas ocorrerão.

Há duas categorias básicas de saída de capitais: a criminosa e a legal. A criminosa pode começar como uma operação legal que mais tarde é transformada em crime. Crimes dessa espécie de fato existem, não são poucos, sua perpetração conta com ajuda profissional extremamente qualificada e sua punição é rara. Prever crimes, no entanto, é uma tarefa difícil. O que se pode dizer sobre isso é que no mundo todo há um empenho em desbaratar esse tipo de atividade e o Brasil deveria ser parte mais ativa do processo. Tais crimes são péssimos para a economia, o que justifica investimentos econômicos e políticos pesados em reformas legais, fiscalização e punição.

Sobre a saída legal, é importante notar que há boas razões para que não haja uma fuga massiva de capitais com a introdução de um imposto sobre propriedades se esse imposto for moderado e integrado a outros impostos. Na verdade, se uma reforma for na direção de estabilizar a arrecadação e igualar o campo de competição entre empresas, e se isso permitir reduzir a tributação sobre alguns setores e tipos de empresa, é possível que um imposto sobre patrimônio tenha efeito neutro.

Um tributo integrado é compensado pelo pagamento de outro tributo. No caso, o tributo sobre a riqueza pode ser compensado pelo pagamento de Imposto de Renda. Assim, a tributação sobre a riqueza passa a ser uma espécie de imposto mínimo. Só pagará mais imposto sobre a riqueza quem pagar menos Imposto de Renda. Ele atuará muito mais na direção de promover justiça tributária do que na de aumentar a arrecadação. Por isso, também não é uma panaceia arrecadatória. Numa situação como essa, a evasão de capitais só vai interessar a quem não estiver pagando muito Imposto de Renda.

Se a tributação for sobre a riqueza dos residentes do país, independentemente do local onde se encontra essa riqueza, em boa parte dos casos não bastará retirar capitais do país, mas será necessário retirar pessoas e empresas definitivamente. Pessoas não vão migrar em massa. Não é trivial ser residente em outro país para quem tem família, empresa, clientes e trabalho no Brasil. Evitar tributação exigiria saída fiscal definitiva do país, o que impediria, entre outras coisas, manter aí empresas com vantagens tributárias. Se com a mudança da legislação a tributação passar a ser sobre todos que tiverem nacionalidade brasileira ou residência permanente, nem a migração será suficiente. Aliás, o próprio Imposto de Renda já foi assim: cobrado dos nacionais e não apenas dos residentes.

Quem tirar a riqueza do Brasil poderá estar sujeito a maior tributação no exterior e no Brasil. Isso porque quem permanecer residente no Brasil poderá ser duplamente tributado, ou tributado a alíquotas mais altas. Vale notar que, em geral, a renda recebida no exterior é tributada no Brasil a alíquotas mais altas que a proveniente de investimentos no país (mas há exceções).

A migração de empresas é uma empreitada de alto risco. Pode implicar que se abram empresas em outro país sem ter muito conhecimento do local para concorrer nos mercados altamente competitivos de países desenvolvidos ou nos cheios de obstáculos de países pouco desenvolvidos.

Existem leis, restrições à remessa ao exterior e barreiras à emigração, além da composição do patrimônio, que dificultam a saída da riqueza. Imóveis e capital físico em geral não são transferíveis — a casa, a fazenda ou a empresa não podem ser transferidas a um paraíso fiscal. Máquinas e equipamentos podem até ser deslocados, mas os custos disso são proibitivos. Ocorre que esse tipo de capital compõe a grande maioria do patrimônio no Brasil. Metade da riqueza é imóvel e cerca de dois terços não conseguem migrar internacionalmente.

A massa das aplicações financeiras do Brasil é em títulos públicos, previdência privada, poupança, letras de crédito e similares. Esse capital não migra rapidamente em função da tributação de patrimônio porque migrar é muito caro e difícil. Implica, por exemplo, perder vantagens tributárias e pagar imposto sobre operações financeiras para retirar o dinheiro e trazê-lo de volta em algum momento, além de arcar com custos não desprezíveis de câmbio. Ele pode em determinada ocasião ser convertido em investimentos no exterior, mas se o sistema for bem desenhado, a riqueza no exterior também será tributada, o que faz os custos de migração pesarem mais na hora da decisão.

Se a tributação sobre patrimônio for moderada e integrada ao Imposto de Renda, de tal forma que o pagamento de tributos sobre a renda compense a tributação do patrimônio, e o patrimônio for tributado independentemente do local onde ele se encontrar, os estímulos para fuga de capitais são reduzidos.

Dito isso, sempre haverá a possibilidade de um aumento de atividade criminosa de sonegação, bem como sempre haverá a possibilidade de saída legal de capitais internacionais do Brasil. Nenhuma dessas possibilidades deve ser desconsiderada. Por isso, o recomendável é que a implementação de um tributo sobre patrimônio seja avaliada continuamente e os parâmetros tributários sejam recalibrados quando necessário. Toda tributação com efeitos negativos elevados precisa ser alterada ou suspensa, sem exceção.

O assunto não deve ser tratado como tabu; deve ser discutido para que se possa chegar ao melhor desenho possível para um tributo desse tipo. A tributação sobre patrimônio pode ser uma alternativa altamente desejável para criar um imposto mínimo, substituir tributos obsoletos ou mesmo reduzir parte da tributação sobre a produção e o consumo.

OS POBRES

O que significa ser pobre?*

Em 1640 o *Theatrum botanicum* apresentou uma lista ampla do herbário medicinal conhecido no Norte da Europa, separou as ervas em tribos e incluiu nelas alguns fungos que eram usados como antibióticos.[1] Novidade? Não. Trabalho impressionante, mas foi uma compilação de conhecimentos estabelecidos muito antes, os quais por sinal já circulavam no continente europeu. Quando Granada, atualmente parte da Espanha, caiu em 1492, herbários inteiros escritos em árabe foram queimados. Uma parcela deles era dedicada a medicamentos e, ao que parece, continha informações sobre antibióticos, conhecimento razoavelmente bem difundido no Magreb. Cavaleiros sarracenos, por exemplo, utilizavam um fungo que nascia no couro das selas de seus cavalos para tratar ferimentos. O fungo era *Penicillium notatum*, membro de um gênero que hoje tem nome familiar. Núbios do Sudão fizeram uso de tetraciclina no ano 350 da Era Moderna. A substância antibiótica está preservada em seus ossos, dizem arqueólogos. A origem

* Texto originalmente publicado na revista *Quatro Cinco Um*.

dessa tetraciclina é um mistério, talvez tenha sido deliberadamente produzida em cervejas medicinais.[2]

Novidade? Também não. Em 1991 um homem foi encontrado congelado numa montanha do Tirol Italiano. Quando morreu, 5300 anos antes, usava roupas de frio e carregava uma bolsa com comida, uma faca, um machado, um arco e flechas bem elaboradas, além de algo que parecia ser um pequeno amuleto maltrabalhado, mas que ninguém sabia dizer exatamente o que era. Descobriu-se depois que não se tratava de um amuleto, mas de um fungo da madeira, com propriedades antibióticas. Tudo indica que ele levava na bolsa um medicamento.[3]

Nas escolas ensina-se que Alexander Fleming foi o "pai da penicilina", insinuando que, de algum modo, Fleming descobriu a substância em 1928. Porém, seu mérito verdadeiro não foi a descoberta da penicilina, e sim o esforço para produzi-la de forma pura. Um esforço que tinha paralelos, pois outros pesquisadores tentavam — e conseguiam — purificar outros antibióticos.

O que essa história toda tem a ver com pobreza? Muito. O desenvolvimento de antibióticos alcançou resultados impressionantes nos padrões humanos de morbidade e mortalidade. Infecções que com frequência eram uma sentença de morte passaram a ser consideradas doenças de menor gravidade. O impacto foi tão grande que se sentiu até na demografia: a população aumentou depois que a morte diminuiu os tributos que cobrava das crianças. Antibióticos baratos são hoje uma forma importante de evitar a mortalidade infantil.

Antibióticos baratos... Baratos para quem? Na discussão sobre a viabilidade orçamentária e política de combater a pobreza, ajuda muito compreender antes o que significa uma pessoa ser pobre. Ajuda também saber a importância enorme que os serviços públicos têm para as pessoas pobres, embora isso em geral não seja computado nas linhas de pobreza. O tema é particularmente relevante num país onde há muita gente com renda baixa.

Faça as contas. A linha utilizada pelo Banco Mundial para monitorar a extrema pobreza global é de $ 1,90 por dia por pessoa em dólares internacionais com paridade de poder de compra (PPC$) — taxa de câmbio empregada para comparações internacionais que busca levar em conta o poder de compra do dinheiro local —, o que equivale, em valores de 2020, a cerca de R$ 5 por dia por pessoa. Uma dose de antibiótico barato, como a penicilina, custa R$ 14. Um tratamento típico para uma infecção branda envolve duas doses, R$ 28. Isso significa que uma mãe pobre que necessite comprar o medicamento para sua filha doente terá que passar cinco ou mais dias sem comer. Essa foi a linha que balizou e seguiu balizando a entrada no Bolsa Família até seu término, em 2021.

A linha de pobreza internacional considerada típica de países de renda média-alta como o Brasil é de PPC$ 5,50, ou seja, R$ 14,50 por dia por pessoa. No caso mencionado acima, seriam "só" dois dias sem comer. O que torna tal situação mais dramática é que esses dois dias são o mundo real de quase um em cada cinco brasileiros. Mundo real, mesmo com a máquina de assistência em funcionamento. Quem acha que essa máquina já é suficiente ou até que é grande demais, vai entender melhor o que isso significa na prática se pular o almoço e o jantar de amanhã e mais tarde reler este texto.

Todo mundo quer mandar seus filhos à escola. Mesmo as pessoas que vivem na pobreza de PPC$ 5,50 ou R$ 14,50 por dia. Um caderno, um lápis e uma caneta custam um dia sem comer. Um livro didático de matemática, barato, dois dias sem comer. O mesmo vale para livros de português, ciências, história e geografia. É uma semana sem comer se esse material tiver que ser comprado. Aliás, é bem pior que isso. A linha de pobreza assume que o valor é suficiente para todas as despesas de uma pessoa, não só as que envolvem alimentação. Isso inclui energia elétrica, gás, transporte para trabalho e escola, saúde, educação, comunicações, higiene, lazer, habitação e o que mais for preciso para viver.

Com serviços públicos gratuitos, a vida de qualquer família pobre já é dura. Sem esses serviços, é inviável. E não está errado dizer o mesmo de famílias que não são pobres mas vivem perto da linha de pobreza. É preciso um nível de renda muito alto para que uma família possa prescindir de serviços públicos gratuitos ou subsidiados e não enfrente insuficiência em outras dimensões da vida. Índices de pobreza multidimensional apontam insuficiência inclusive entre os 40% mais ricos, algo que dificilmente seria classificado como pobreza de renda.[4]

Cada dia na vida de uma família no 1% mais rico compra pelo menos um mês da vida de uma família pobre. A mensalidade de uma escola privada barata numa metrópole, R$ 1 mil, compra quase dois meses e meio de todo o consumo de uma pessoa pobre — e isso para a linha mais alta, de R$ 14,50. Cinco meses para a mensalidade de uma escola mais cara, um ano para cada mês de uma escola de elite. Só o ensino básico numa escola dessas já equivale a mais do que a vida inteira de um pobre.

Outra forma de observar isso é pensar no que os pobres não conseguem comprar. Imagine o que é viver com R$ 14,50 por dia. O local onde dá para morar, a comida que dá para comer, o lazer possível. Sob essa pressão, é difícil não gastar tudo imediatamente. Porém, imagine ainda poupar 5% disso todos os dias. Dá R$ 264 por ano. Comprar motocicleta já com dez anos de uso para trabalhar como motoboy? Impossível, trinta anos de poupança. Uma geladeira nova, para uma alimentação saudável da família? Seis anos de toda a poupança. Uma máquina lavadora de roupas, que garante mais higiene e maior possibilidade de emprego regular? Mais seis anos de toda a poupança. Um tablet básico para o filho acompanhar ensino à distância num mundo digital? Um ano e meio da poupança.

Viver na pobreza é viver sob uma pressão imensa. É viver numa situação sobre a qual se tem pouco controle e cuja capacidade de reversão é escassa. Um quinto do país ainda vive dessa forma, uma população que depende da assistência e dos serviços públicos. Toda discussão sobre limitar a expansão de tais políticas ou mesmo reduzi-las é uma disputa por autorizar a permanência do estado de coisas atual ou, pior, agravá-lo. É necessária uma boa dose de insensibilidade para achar moralmente tolerável esse nível de pobreza.

Quem considera a pobreza inaceitável tem que entender que o combate a ela precisa melhorar. O Brasil gasta pouquíssimo com isso. Embora nossos programas de redução da pobreza funcionem muito bem, eles ainda necessitam de expansão. Mesmo quando erram, geralmente erram pouco. Metade da população brasileira vive com menos de R$ 30 por dia e em algum momento pode oscilar para dentro e para fora da pobreza. Um erro de focalização que não ultrapasse essa metade mais pobre não é um erro grave. No entanto, um erro de focalização que deixe de fora pessoas muito pobres é um erro importante. Por isso, é melhor errar para mais do que para menos.

Quantos pobres?

No ano de 1945, cerca de metade da população brasileira entre vinte e trinta anos era analfabeta. Dois terços dos homens nessa idade trabalhavam na agricultura e na pecuária. Uma em cada dez crianças morria antes dos cinco anos na cidade do Recife, resultado da combinação de desnutrição com doenças cuja causa a palavra "miséria" sintetiza bem. Nas zonas rurais, a situação era muito pior.

Nesse mesmo ano, nasceu em Caetés, cidade pobre do agreste de Pernambuco, Luiz Inácio da Silva, o Lula. Ele entrou no movimento sindical cedo, foi preso e processado pela Lei de Segurança Nacional, fundou um partido político, foi eleito deputado, participou do movimento para redemocratização do país e tornou-se seu presidente, um presidente extremamente popular. Preso novamente por motivos políticos, cumpriu as regras do jogo de maneira exemplar e em 2022 voltou como favorito para ser eleito presidente mais uma vez. Seus aliados e opositores concordam num ponto: é uma história de vida impressionante.

A fome era uma preocupação importante no primeiro mandato do presidente Lula. De tal maneira que, em seu discurso de posse em 2003, ele disse:

> Num país que conta com tantas terras férteis e com tanta gente que quer trabalhar, não deveria haver razão alguma para se falar em fome. No entanto, milhões de brasileiros, no campo e na cidade, nas zonas rurais mais desamparadas e nas periferias urbanas, estão, neste momento, sem ter o que comer. Sobrevivem milagrosamente abaixo da linha da pobreza, quando não morrem de miséria, mendigando um pedaço de pão.[1]

Mas milhões que sobrevivem abaixo da linha de pobreza são quantos?

Quantas pessoas eram e são pobres no Brasil? A resposta depende de uma série de coisas, todas resultado de escolhas de natureza política. Como pobreza é uma posição numa distribuição, o nível de pobreza depende do "algo" e do "alguém" da distribuição e do nível de insuficiência que define a classe dos pobres. Se a pobreza for multidimensional, a resposta é uma; se for apenas insuficiência de renda, pode ser outra. Considerar diferenças regionais de preços também muda os resultados. E, claro, tudo depende da linha de pobreza.

Não existe uma linha de pobreza consensual. A razão para isso é muito simples: não existe consenso sobre o que significa "pobreza". Tampouco existe concordância generalizada de que a mesma linha de pobreza utilizada para a pesquisa deva ser utilizada para a orientação de políticas. O que as políticas de proteção social querem fazer é proteger uma pobreza cujo sentido não necessariamente é o mesmo que se considera nas definições de linhas de pobreza para pesquisa e monitoramento.

O que existe são linhas usadas com maior frequência que outras, a depender dos objetivos. No caso de comparações internacionais, é comum que se utilizem algumas linhas de pobreza mais simples. Elas precisam ser simples porque têm que ser aplicadas a vários países, muitos dos quais dispõem de informações estatísticas bastante limitadas. Para um país com o nível de renda média do Brasil, a linha mais usada equivaleria a uma linha de renda domiciliar per capita de PPC$ 5,50 ao dia.

Mas essas são linhas desenhadas para comparações internacionais. O fato de serem muito usadas em pesquisa e monitoramento de países não faz delas, automaticamente, boas linhas para o desenho de políticas dentro dos países. Que linha utilizar e para que utilizá-la é uma decisão política. Por isso, é importante entender como escolhas afetam resultados. Mal não faz notar que os efeitos de linha não se limitam ao monitoramento dos níveis de pobreza. Questões de menor monta no monitoramento podem se mostrar cruciais no desenho de políticas. O perfil dos pobres, a identificação das causas da pobreza e até os programas de combate à pobreza podem ser afetados pelas escolhas políticas usadas para definir as linhas de pobreza.

As dimensões fazem diferença. Por exemplo, a quantidade de pessoas pobres medidas por linhas multidimensionais é menor do que a medida por uma linha de renda de PPC$ 5,50 familiar per capita por dia quando se utilizam dois dos métodos mais reconhecidos para calcular linhas de pobreza multidimensionais. Isso se deve, em parte, ao fato de algumas das dimensões das linhas multidimensionais usarem critérios muito estritos, como não haver água corrente no domicílio. Mas talvez mais importante seja notar que as classes formadas são bem diferentes: metade das pessoas pobres identificadas por um método multidimensional não seriam classificadas como pobres por insuficiência de renda.[2]

Também muda muito a forma como cada pessoa da família é contabilizada. Geralmente se leva o tamanho das famílias em conta e se supõe que a renda total é dividida entre todas as pessoas da família, calculando-se a renda média por pessoa ou, no linguajar das linhas, a renda familiar per capita.[3] É uma escolha bastante comum, mas não se baseia em resultados empíricos, e sim em decisões normativas.

Os poucos resultados que existem sobre o assunto indicam que não é bem assim, não existe redistribuição completa; as pessoas redistribuem apenas parte de sua renda pessoal nas famílias, e para as mulheres restam menos renda e menos consumo que para os homens.[4] Acrescente-se a isso o fato de que as maiores despesas de uma família estão relacionadas à habitação, são relativamente fixas e, portanto, um membro adicional custa "mais barato" que os anteriores — o provérbio "onde come um, comem dois" tem sua razão de existir. Ademais, crianças de baixa renda consomem menos que adultos e idosos de baixa renda. A estimativa para o início da década de 2000 sugere que uma criança adicional num casal tem, no orçamento familiar, o peso de metade de um dos adultos do casal, ou seja, uma criança é equivalente a meio adulto.[5] Os valores de resultados como esse dependem sempre do método utilizado e podem mudar no tempo; no entanto, em regra, uma família de dois adultos e dois jovens tem despesas maiores que uma família de dois adultos e duas crianças. Os valores provavelmente serão distintos na década de 2020, mas sejam quais forem, a diferença não deve ser desconsiderada.

Isso traz consequências. Como toda escolha metodológica, o uso de renda familiar per capita tem implicações concretas para as políticas públicas. A mudança nos resultados é relevante. Cálculos para o início da década de 2000 mostravam que quando o consumo de uma pessoa adicional na família era equivalente ao de um adulto-base (o primeiro adulto), ou seja, a pobreza era calculada usando-se a renda per capita simples, a proporção de crianças pobres era de 56%. Quando era equivalente a 80% do de um adulto-base, caía para 42%; se o consumo fosse equivalente a

70% do de um adulto-base, a proporção caía para 34%.⁶ O perfil dos pobres e até os níveis de pobreza mudam em função disso. Pela evidência empírica que temos, a renda per capita superestima a pobreza entre as crianças. Estas tendem a ser sempre o grupo mais vulnerável à pobreza, mas as mudanças não são desprezíveis para uma discussão sobre onde alocar recursos.

A regionalização das linhas também altera muita coisa. Por uma linha PPC$ 1,90, sem diferenças regionais de preços, a pobreza mostra tendência de queda quase contínua desde o começo dos anos 1990. Já uma linha regionalizada para dar conta das diferenças locais em custo de vida mostra uma queda em meados da década de 1990, seguida de estagnação até uma nova queda iniciada no princípio dos anos 2000. A mudança de trajetória é importante, até a ordem muda: nos anos 1990, havia mais pobres pela linha nacional do que pela regionalizada; nos anos 2010, mais pobres pela regionalizada do que pela nacional.⁷

Além do mais, linhas regionalizadas são mais altas para as metrópoles de São Paulo e do Rio de Janeiro e mais baixas nas zonas rurais.⁸ Em tese, isso pode ser interpretado como uma justificativa para dar mais assistência para quem vive nas regiões mais ricas e caras e menos para pessoas de mesma renda que estão nas regiões mais pobres e baratas. Já foi assim, aliás, com o salário mínimo até a década de 1980.

O nível das linhas também faz diferença. Às portas de 2020, um quinto da população seria pobre a PPC$ 5,50 familiar per capita, mas menos de um décimo seria pobre por uma linha de PPC$ 1,9. Ou seja, uma diferença absoluta pequena em termos de renda entre duas linhas, PPC$ 3,60, é suficiente para dobrar a proporção de pobres no país. Sim, em termos relativos, uma linha de PPC$ 5,50 é mais que o dobro de uma linha PPC$ 1,90, porém note que essa mesma diferença não teria importância alguma no outro extremo da distribuição, se estivéssemos falando de duas linhas de riqueza usadas para calcular as proporções de ricos. O que está em jogo aqui não é aritmética, e sim o fato de que o Brasil tem uma grande massa de população de baixa renda com pouca diferenciação interna, e pequenas variações de valor causam grandes variações nas estatísticas de pobreza.

As linhas de pobreza devem ser constantes ou devem mudar à medida que o país vai se tornando mais rico? Não temos uma ideia clara de quantas pessoas eram pobres quando Lula nasceu, mas provavelmente era muita gente, pois sabemos que no início da década de 1980 dois terços da população brasileira era pobre por uma linha de PPC$ 5,50 familiar per capita ao dia, sem escalas de adulto-equivalência e que não considera diferenças regionais de preços. Usar uma linha PPC$ 1,90 fazia a proporção cair para um quarto da população. No começo dos anos 2000, quando Lula se tornou presidente, já bem menos de metade dos brasileiros era pobre na linha PPC$ 5,50, e cerca de um sexto era pobre pela linha PPC$ 1,90. Em 2021 o Bolsa Família ainda usava a linha de PPC$ 1,90, mas o Banco Mundial recomendava uma linha de PPC$ 5,50 para o monitoramento da pobreza no Brasil, dada sua renda média.

Faz sentido dizer que a pobreza no agreste de Pernambuco era menor em 1945 do que é hoje simplesmente porque a renda média do Brasil nessa época também era menor e isso exige linhas de pobreza mais baixas? Qual é a linha certa para medir pobreza, a PPC$ 5,50 que seria usada no Brasil da década de 2020 ou a PPC$ 1,90, que tenderia a ser a usada nos anos 1980? Crianças devem ser tratadas como pesando menos que adultos? Preços regionais importam? Renda é a única dimensão relevante? Para todas essas perguntas existem respostas bem fundamentadas mas que levam a diferentes direções. Não há metodologia certa, no sentido de única possível. Portanto, não existe resposta única para a pergunta "Quantas pessoas são pobres no Brasil?". Cada resposta depende de decisões que antes de serem técnicas são políticas.

Todavia, entre a impossibilidade de resposta única e o imobilismo político há uma distância muito grande. O que as políticas sociais geralmente buscam é proteger as pessoas mais pobres, num sentido mais amplo e vago. Para esse propósito, a definição de uma linha exata não é uma prioridade e pode até mesmo desviar os programas de seus objetivos iniciais.

Não há dúvida de que o desenho de políticas sociais envolve um certo pragmatismo operacional e orçamentário. Isso, no entanto, não apaga a distinção entre o que é politicamente possível e o que uma sociedade deve buscar. As questões distributivas fundamentais que o Brasil enfrenta não estão nas diferenças entre pobres e extremamente pobres, e o uso irrefletido de linhas de pobreza pode desviar as políticas de seus verdadeiros objetivos.

Ser pobre, estar pobre

No mundo todo é muito comum desenhar a proteção social como algo voltado a proteger quem é pobre. Porém, talvez seja mais correto separar "ser" de "estar" e pensar esse desenho para a proteção de quem está pobre. Examinar algumas noções de mobilidade social e a composição da renda dos pobres ajuda a entender isso melhor.

No Brasil, como no resto do mundo, a mobilidade social é frequente, costuma estar condensada no centro da distribuição e ser de curta distância. Isso significa que os extremamente pobres e os extremamente ricos tendem a se mover menos e que muita gente no centro se move, mas se move pouco. Quando essa mobilidade é de curto prazo e está associada a idas e voltas, algumas pessoas preferem usar o termo "volatilidade" para separar esse movimento das tendências de prazo mais longo na vida de uma pessoa ou família.

Uma das implicações da volatilidade é que, com alguma frequência, pessoas entram e saem da pobreza. Portanto, a ideia de "perfil do pobre" como algo persistente deve ser entendida com algumas ressalvas. Ela está muito relacionada à noção de pobreza crônica, que se aplica mais à extrema pobreza. Mas tampouco se aplica bem à extrema pobreza causada por um choque temporário, como a perda de um emprego numa família de trabalhadores.

Acima da extrema pobreza, o que se observa é mais uma vulnerabilidade — risco de cair na pobreza — do que propriamente um estado constante de coisas. Simplificando bastante, muitas pessoas são vulneráveis, algumas estão pobres e outras são pobres. A volatilidade faz com que as pessoas que compõem o "perfil dos pobres" em determinado momento possam muito bem mover-se para o grupo dos não pobres num curto período.

É sempre bom lembrar que a população brasileira se compõe de uma grande massa de população de baixa renda e que nela a diferença entre pobres e não pobres não é grande. Ou seja, linhas de pobreza com frequência subdividem em classes populações bastante homogêneas. Isso acontece especialmente com as linhas mais altas, que dividem uma grande população de baixa renda em subgrupos cujas diferenças absolutas de renda são pequenas. É de esperar que uma população semelhante subdividida forme classes de perfil semelhante, mesmo que as condições de vida absolutas das famílias não sejam totalmente determinadas por sua renda.

Não é que as diferenças entre essas classes, pobres e não pobres, não exista. Há distinções que podem ser observadas. O que ocorre é que muita gente pobre e muita gente não pobre perto da pobreza é semelhante em várias características. Em regra, o que causa diferença entre os subgrupos é a inclusão de extremos — as pessoas excessivamente pobres, por exemplo.

Perfis de pobreza mudam, seja lentamente, seja como resposta a choques. Em particular, mudaram com a queda da pobreza que aconteceu no Brasil de 2002 a 2014. Há diversas razões para isso, entre elas a de que mudanças em políticas públicas que afetam diretamente a população pobre, como o salário mínimo, o

Benefício de Prestação Continuada (BPC), o Programa Bolsa Família e a Previdência Social, causam alterações persistentes no perfil da pobreza. Uma transferência reduz a pobreza entre os grupos que a recebem e, com isso, muda o perfil dos que permanecem pobres.

Pobreza, aqui, é insuficiência de renda, portanto é útil analisar a composição da renda de quem é pobre para avaliar que medidas são necessárias para erradicar a pobreza no curto prazo e mantê-la erradicada no longo. Se a renda dos pobres vem predominantemente de programas de assistência, por exemplo, pode-se interpretar que esses programas são capazes de aliviar mas não de erradicar a pobreza em algumas famílias, ainda que provavelmente possam erradicar a pobreza em outras.

Valores e perfis exatos sempre dependem de linhas, escalas de adulto-equivalência e períodos. Mas, no geral, é possível dizer que a renda do trabalho é a principal fonte de rendimento dos pobres. No final da década de 2000, logo antes de o Brasil enfrentar crises que alteraram o perfil dos pobres, o trabalho respondia, em média, por cerca de metade da renda per capita das famílias em níveis muito baixos da distribuição — algo como os 5% mais pobres. O Bolsa Família respondia por quase toda a outra metade. Previdência Social e BPC não tinham maior relevância nesse grupo.[1]

Entre os extremamente pobres predominavam, quase que totalmente, as famílias de produtores agrícolas e trabalhadores por conta própria, quase todos informais. A ruralidade era, e ainda é, uma característica da extrema pobreza. A informalidade, por sua vez, significa ausência não só de proteção trabalhista, mas de proteção social como um todo, afinal a proteção social brasileira depende em demasia da formalização do trabalho. Também havia uma grande quantidade de indivíduos sem emprego, condição resultante de desemprego aberto, de desalento ou da inatividade de pessoas em idade de trabalhar. Isso tem implicações para o futuro. É provável que os extremamente pobres de hoje venham a ser pobres na velhice, e a Previdência deve ser preparada para lidar com esse fato.

Em níveis imediatamente seguintes — dos 5% aos 15% mais pobres —, a proporção do trabalho subia para três quartos da renda, e as frações do Bolsa Família e da Previdência iam para cerca de um décimo cada uma. Nos 30% que seguem — dos 15% aos 45% —, o trabalho se mantinha um pouco acima dos três quartos da renda, o Bolsa Família quase desaparecia e a Previdência respondia por cerca de um sexto da renda. O BPC não tinha grande relevância na renda média de nenhum dos dois grupos.

Isso não deve surpreender, pois, de um lado, a Previdência Social e o BPC em geral fazem mais do que aliviar a extrema pobreza, eles a erradicam; quem os recebe deixa de ser extremamente pobre. O Bolsa Família e seu sucessor, o Auxílio Brasil, em muitos casos apenas aliviam a pobreza e, por isso, é possível encontrar beneficiários que ainda assim são pobres.

À medida que a renda cresce, o trabalho deixa de ser agrícola e passa a ser emprego informal e trabalho por conta própria. O emprego formal alcança quase um terço dos adultos na metade mais pobre da população brasileira — menos do que deveria, talvez, mas certamente isso já é muito relevante para determinar rendimentos.

A composição da renda de cada família varia, algumas com peso grande da assistência social, outras com participação da Previdência. Na média, porém, o trabalho é sempre o componente mais importante dessa renda, mesmo entre os muito pobres, para os quais, vale ressaltar, o salário mínimo é uma referência significativa. Para a população nos 5% a 15% mais pobres, os rendimentos individuais do trabalho exatamente iguais a um salário mínimo respondem por quase um quinto da renda. A ideia de que o salário mínimo só beneficia famílias não pobres é incorreta.

Por sinal, o salário mínimo afeta os pobres por outras vias além do trabalho formal. Ele serve como referência de preços para empregados informais e determina os pisos da Previdência e do BPC. Na média, quase um terço da renda total (e não só do trabalho) dos 5% a 15% mais pobres do Brasil tem relação direta com o salário mínimo, uma proporção muito expressiva para níveis tão baixos de renda. Essa é a razão pela qual a política salarial e a Justiça do Trabalho que assegura seu cumprimento devem ser entendidas como ferramentas de combate à pobreza.

Vulneráveis

Ao longo da década de 2000, houve muita mobilidade no Brasil. Em termos absolutos, a maior parte dessa mobilidade foi para cima. Por exemplo, milhões de famílias saíram da pobreza no intervalo de uma geração. Por trás disso está um contexto de expansão das redes de proteção social, aumentos do salário mínimo e bom desempenho da economia dos pobres. Todavia, essa mobilidade foi de curta distância. Envolve pessoas que deixaram a pobreza mas ainda estão vulneráveis a ela.

Isso é esperado. Mesmo a pessoa mais rica da metade mais pobre do Brasil não ganha muito mais que o dobro de uma linha de pobreza de PPC$ 5,50. Ou seja, a linha de pobreza está recortando uma população bem homogênea em termos de renda, diferenciando de forma um tanto artificial gente que é parecida. É bastante razoável supor que, ao fazê-lo, a linha de pobreza corte uma população também semelhante no que se refere a proteger seus níveis de renda contra flutuações diversas.

Os vulneráveis constituem um grupo de pessoas que não são pobres mas correm um risco razoável de cair na pobreza ao longo do tempo. Trata-se de uma definição relativamente comum de "vulnerabilidade",[1] embora existam outras. O tamanho exato desse grupo não é bem conhecido. Aliás, dificilmente o seria, porque as causas da queda podem variar muito no tempo. Um cálculo comparando dois pontos, 1990 e 2009, sugere que a saída da pobreza no Brasil foi praticamente definitiva.[2] Porém, uma estimativa menos otimista, que aplica os mesmos métodos mas usa vários pontos entre 2001 e 2013, avalia que só quatro em cada dez brasileiros jamais caíram na pobreza; a maioria foi pobre por algum tempo.[3]

Esses resultados são todos afetados por alguns fatores. O primeiro é o perfil distributivo do crescimento em um período. O que interessa não é quanto a economia do país como um todo está crescendo, mas quanto a economia que envolve os pobres cresce. Se essa economia dos mais pobres cresce, as chances de uma pessoa cair na pobreza diminuem. Os dois estudos cobrem um período com crescimento da economia dos mais pobres.

O segundo é a combinação de duração do período e o número de pontos. A comparação apenas dos extremos de um período longo não é feita para captar mobilidade de curto prazo, reflete mais os grandes movimentos da sociedade — redução da desigualdade, crescimento, expansão da proteção social. O uso de vários pontos tende a captar melhor o sobe e desce de prazo mais curto. As duas informações são importantes e se complementam.

O que realmente interessa é saber que há mobilidade, que ela é de curta distância e que está longe de ser lenta. Há estimativas para meados de 2000 de que, dentro da metade mais pobre da população, uma em cada quatro pessoas acima da linha da pobreza no México estava abaixo dela após um período de três anos; no Peru, uma em cada cinco ao longo de quatro anos, e no Chile, uma em cada dez ao longo de cinco anos.[4] Isso mostra a mobilidade para dentro da pobreza em dois extremos de período. Muito provavelmente, dentro do período houve ainda mais quedas e recuperações de curto prazo, ou seja, mais volatilidade. É difícil afirmar com segurança, mas pode ser que o Brasil nessa época tivesse um padrão mais próximo de México e Peru, dado o nível e a distribuição de sua renda. Na América Latina como um todo, dois terços das pessoas que não são pobres porém vivem com menos que o dobro da linha de pobreza cairão na pobreza ao longo de uma década.[5]

Essas estimativas mudam com a expansão da proteção social, que, entre outras coisas, dá estabilidade no alívio ou erradicação da pobreza. Mas mudam igualmente em função do comportamento geral da economia. Uma recessão, por exemplo, pode levar grande número de pessoas à pobreza. É claro que mudam também por uma série de outros fatores, como migrações, alterações consideráveis na estrutura produtiva, eventos climáticos ou mesmo epidemias.

Na América Latina se avalia que, nos anos 2000, a maior parte da mobilidade dentro de uma década se deve a crises econômicas, no lado negativo, e políticas de proteção social, no lado positivo.[6] As crises econômicas comprometeram os rendimentos do trabalho da população de baixa renda e, com isso, levaram gente à pobreza. As políticas de proteção social, por outro lado, não só impediram a queda na pobreza nos períodos de recessão como também ajudaram a retirar da pobreza pessoas que já estavam nela.

A combinação dessas informações pode ser resumida da seguinte maneira: no curto prazo, as pessoas entraram e saíram da pobreza com uma frequência razoável ao longo das décadas de 1990 e 2000. Houve muita pobreza crônica, mas também bastante pobreza temporária. Tais flutuações, no entanto, se deram num contexto geral de redução da pobreza. Em duas décadas, a pobreza como um todo foi reduzida. Uma parte importante dessa redução foi determinada por fatores estruturais e não individuais, ou seja, por causas que não estão sob o controle direto das pessoas, como as políticas de assistência e trabalho e o crescimento da economia dos pobres, em particular. As quedas para a pobreza também foram fortemente determinadas por fatores estruturais.

Nada garante que tal redução se repetirá nas décadas seguintes. Ainda assim, esses estudos trazem lições para o combate à pobreza no futuro. Por causa da existência de mobilidade de curto prazo, é possível dividir a população em quatro grupos simplificados. O primeiro é o de pobres crônicos, pessoas que dificilmente saem da pobreza. O segundo é o de pobres temporários, que foram identificados como pobres mas devem entrar e sair da pobreza ao longo dos anos. O terceiro é o dos não pobres temporários, os vulneráveis, que não foram identificados como pobres mas têm risco alto de serem pobres no futuro. O quarto é um grupo protegido da pobreza, com risco baixo. Pobres e não pobres temporários podem também ser vistos como um grupo único, de pessoas vulneráveis.

Isso tem algumas implicações. A primeira delas é a importância de proteger a proteção. A rede de proteção social depende de um orçamento, o qual tem que ser resguardado de flutuações econômicas. Afinal, é justamente nos momentos de crise que a rede de proteção deve ser estendida. Ou seja, o gasto com proteção social precisa ser contracíclico, aumentando quando a economia dos mais pobres vai mal e diminuindo quando ela vai bem e a proteção pode ser reduzida. Isso exige mudar um pouco a forma como os orçamentos são definidos e requer, possivelmente, a criação de reservas para os períodos de recessão.

A segunda implicação é que é altamente recomendável desenhar os programas de proteção social levando em conta mobilidade e volatilidade de curto prazo. Por uma série de razões, entre elas dificuldades operacionais, o desenho dos mecanismos de focalização da assistência social é muito influenciado pela noção de pobreza crônica. Isso não está errado, afinal a pobreza crônica existe e constitui um problema importante. O que se precisa é pensar formas de aperfeiçoar esse desenho para lidar melhor com as contínuas entradas e saídas da pobreza. Sem isso, os programas de combate à pobreza não cumprem corretamente sua função: proteger toda a população pobre.

Focar apenas nos pobres é um erro

O que uma linha de pobreza faz é recortar uma distribuição em dois grupos. Abaixo de certo ponto da distribuição, as pessoas são pobres. Esse "certo ponto" é, com uma frequência bastante grande, um ponto que separa gente que é muito parecida. Para entender isso, basta puxar da memória uma frase que foi mencionada no começo deste livro: os pobres não são muito diferentes da grande massa de pessoas de baixa renda. Espero ser capaz de mostrar a seguir que essa é uma informação bem mais importante do que parece.

Por si só, a divisão da população em grupos não altera as desigualdades que existem dentro desses grupos, os pobres e os não pobres. Uma grande massa de não pobres tem rendas bem parecidas com as dos pobres, e um pequeno grupo dos não pobres é extremamente mais rico que os demais. Por isso, é fundamental não perder de vista que a pobreza é uma entre várias regiões de uma distribuição ou, em outros termos, os pobres são uma entre as várias classes de uma sociedade.

Tratar a pobreza como uma região dentro de uma distribuição é mais que um recurso analítico. Também tem implicações na forma como programas devem ser desenhados. Pense bem: os pobres são colocados numa mesma classe, mas não são todos iguais. Há pessoas muito mais pobres do que outras. Os não pobres também são todos colocados numa mesma classe, mas também não são todos iguais. Entre as pessoas que não são pobres, há algumas que são muito mais ricas que outras. Há algumas que são muito vulneráveis à pobreza. Se um programa tem razões para tratar os pobres de maneira diferenciada, talvez queira, pelos mesmos motivos, tratar os não pobres próximos da linha de pobreza de maneira distinta daquela como trata os muito mais ricos.

Afinal, por que a identificação dos pobres importa tanto? Se são apenas recortes de população numa distribuição, por que as linhas de pobreza e a nomenclatura dos grupos são relevantes? Elas importam quando têm impacto político. Se o sistema jurídico de um país, ou mesmo sua cultura política, estabelece que os pobres devem receber proteção prioritária, as linhas e a nomenclatura das classes terão impactos concretos.

Ou seja, quando se desenham políticas, não se deve esquecer que embora uma linha de pobreza artificialmente recorte a população em dois grandes grupos, pobres e não pobres, a desigualdade que efetivamente existe na sociedade continua a existir. A depender dos objetivos mais profundos da política em análise, é até mesmo possível que a noção de pobreza não seja o guia mais adequado para o desenho de um programa.

Por exemplo, o fato de ser importante assegurar a todos os pobres cobertura da proteção social não implica deixar desprotegido todo o restante da população de baixa renda que não é pobre. Existe uma diferença entre progressividade da proteção e completa exclusão. Quem acha que a segmentação da proteção é uma boa ideia deve então estar preparado para aceitar também uma política no sentido inverso, de segmentação tributária: transferir toda a carga tributária do país para os extremamente mais ricos e isentar todos os demais. Isso implicará níveis muito altos de tributação dos ricos. Soa confiscatório? Se você acha que sim, pense bem sobre o que está acontecendo com as pessoas de renda baixa. Afinal, na prática, recusar proteção social a quem efetivamente precisa dela equivale a um confisco de direitos.

Quando se entende que a definição de pobreza é apenas um dos recortes possíveis numa distribuição de renda, fica mais fácil constatar que não é sem razão que muitas políticas buscam subdividir a classe dos pobres, como os extremamente pobres etc. Existe alguma variação de nomenclatura para essas subdivisões, como miséria, indigência etc., mas o objetivo é aproximadamente o mesmo. Pela mesma razão, pode ser desejável subdividir a classe dos não pobres em grupos menores, embora tal prática seja bem menos frequente. Aliás, isso merece uma boa reflexão, a fim de que se encontrem seus motivos, justificativas e consequências, pois no Brasil existe muito mais desigualdade de renda dentro do grupo dos não pobres do que dentro dos pobres, e, o que é mais importante, muito mais gente perto da pobreza do que longe dela.

As evidências são baseadas em política

A ideia de que as questões fundamentais em desigualdade e pobreza não são meramente técnicas é muito importante. Ela mantém na esfera da política decisões morais com consequências sociais. Quanta diferença fazem essas decisões fica mais claro quando se examina como a escolha de diferentes medidas de pobreza pode levar a diferentes desenhos de programa. Este capítulo é sobre isso.

Numa política de assistência, qual é o melhor desenho para um programa de redução da pobreza, dar o dinheiro aos menos pobres ou aos mais pobres? As respostas possíveis dependem de como se mede pobreza na sociedade e podem ser diametralmente opostas. As medidas de pobreza definem a pobreza ou, mais exatamente, o que é observado como nível de pobreza na sociedade.[1] A escolha de uma medida depende de julgamentos de valor. Em outras palavras, a própria construção da evidência sobre pobreza é baseada em juízos de valor. O fato de medidas diferentes levarem a políticas completamente diferentes mostra que esta não é uma questão de menor importância.

Isso não quer dizer que analistas fraudem resultados na direção de suas preferências pessoais. Tampouco quer dizer que tudo é ideologia e toda ideologia tem a mesma legitimidade. Quer dizer apenas que as ferramentas escolhidas podem ter implicações distintas. Métricas escolhidas não têm consequências neutras. Cada medida de pobreza pode levar a conclusões diferentes sobre o nível ou mesmo sobre as causas da pobreza.

Existem várias medidas de pobreza. Muito comuns são as medidas de *incidência*, *intensidade* e *severidade* da pobreza relacionadas a uma família de medidas que começou sendo desenvolvida por Amartya Sen mas atualmente é conhecida por FGT, em referência a um artigo de James Foster, Joel Greer e Erik Thorbecke de meados da década de 1980.[2] A família de medidas FGT é explícita em relação ao juízo de valor que faz sobre a insuficiência de renda e, por isso, permite ver com clareza que há política até na construção das evidências. Ela é considerada uma família porque reúne medidas de pobreza cuja estrutura de cálculo é bastante semelhante. Embora o cálculo seja muito similar, as implicações políticas de cada uma delas podem ser radicalmente distintas.

A *incidência* é medida pela proporção de pobres na população total. A *intensidade*, pela média das quantias de renda de que cada pessoa precisa para deixar de ser pobre. A *severidade* é uma medida parecida com a intensidade, mas que considera que ser muito pobre é exponencialmente mais severo do que ser pouco pobre; por exemplo, que estar R$ 100 abaixo da linha de pobreza é muito mais que dez vezes mais severo do que estar R$ 10 abaixo dessa linha.

A chave das diferenças nos conceitos está na forma como o nível de pobreza de um indivíduo é tratado. Esse nível é medido pela diferença entre a renda real da pessoa e o valor de uma linha de pobreza, isto é, o hiato de pobreza, quanto falta para ela deixar de ser pobre. Se a pessoa é muito pobre, seu hiato é grande; se é pouco, o contrário. A decisão fundamental é como tratar esse nível de pobreza individual. A *incidência* não leva em conta o tamanho do hiato de pobreza; a *intensidade* trata todos os tamanhos de hiato da mesma forma; a severidade dá mais peso a tamanhos de hiato maiores, tratando os extremamente pobres como mais importantes nos cálculos.[3]

Essa não é apenas uma discussão filosófica, muito menos uma tecnicalidade. Ela determina a construção da evidência sobre pobreza e, por isso, afeta o tamanho do problema, os custos para enfrentá-lo, a identificação de suas causas e a avaliação de medidas tomadas para lidar com ele.

Se o indicador de pobreza escolhido para avaliar a política for a proporção de pobres, a incidência, o melhor é dar dinheiro para as pessoas menos pobres, pois é mais fácil elevá-las acima da linha de pobreza. Se o indicador for quanto, na média, falta de renda para as pessoas deixarem de ser pobres, a intensidade, é indiferente quem deve ser protegido. Se o indicador levar em conta que estar R$ 100 abaixo da linha é muito mais que dez vezes mais severo do que estar R$ 10 abaixo, a recomendação é dar dinheiro para as pessoas mais pobres, pois isso reduz a severidade da pobreza. Ou seja, o que pode à primeira vista parecer uma escolha meramente técnica leva a recomendações diametralmente opostas sobre como desenhar uma política.

O que reflete seus valores morais e suas escolhas políticas pessoais? Uma forma de buscar a resposta é pensar em termos de consequências desejadas. Se você acha que prioridade deve ser dada aos extremamente mais pobres, então o que contempla suas escolhas políticas é a medida de severidade da pobreza. Se para você o grau de pobreza de cada indivíduo é irrelevante para definir prioridades, a medida de intensidade reflete suas metas. Se o objetivo for reduzir ao máximo a proporção de pobres, mesmo que isso implique deixar os extremamente pobres para depois, então a medida preferencial é a incidência.

O que importa é entender que assim como ocorre na mensuração da desigualdade, as medidas de pobreza refletem decisões políticas, implícitas ou explícitas. A pobreza existe independentemente de como ela é observada. Mas as informações usadas para tomar decisões, as evidências sobre a pobreza, são construídas por essas medidas. De certo modo, não está errado dizer que são "evidências baseadas em política". É muito importante ter isso em conta, pois escolhas que na aparência são apenas decisões técnicas podem levar a programas de combate à pobreza completamente diferentes. Ter política presente na construção das evidências não é necessariamente um problema. Problema é o contrário: achar que elas são sempre neutras e ignorar as consequências disso.

Linha de pobreza: Mudar para refletir ambições

Toda linha de pobreza reflete um conflito distributivo. Há um teste simples para saber como esse conflito afeta as linhas. Proponha uma linha alta para o Brasil que defina como pobres três quartos da população. Responder com programas de proteção a uma linha assim implicaria algo como aumentar várias vezes a assistência social da década de 2020 não só em tamanho mas também em valor, o que pode exigir uma tributação muito superior à atual. Se a réplica potencial a essa ideia for a de que "essa linha de pobreza é alta demais, é irrealista em relação ao grau de desenvolvimento do país", o teste mostrou que para quem deu tal resposta a linha é relativa ao nível geral da renda e ao nível de desigualdade, ao menos para a formulação de políticas.

Linhas de pobreza devem ser revisadas regularmente. A revisão mais óbvia de linhas de pobreza é sua atualização para acompanhar a inflação. Por exemplo, se aumentarem os preços do transporte, da energia ou dos alimentos, a linha de pobreza deve aumentar junto. Isso se enfrenta de maneira aproximada com o uso de algum índice de inflação. Aproximada porque os preços dos mais pobres não são necessariamente os preços médios e porque a composição da cesta de bens e serviços de alguns índices de inflação pode ser diferente da composição da cesta de consumo das pessoas mais pobres.

Todavia, linhas de pobreza não devem ter sua revisão limitada a mudanças de preços; é preciso fazer ajustes para revisar mudanças em valores morais e na capacidade que a sociedade como um todo tem de proteger as pessoas. Isso, aliás, vale para qualquer outro critério de elegibilidade para a proteção social.

Prevalece entre os pesquisadores a regra de bolso: "desigualdade é relativa, pobreza é absoluta". Mas "relativo" é em relação a quê? E o que quer dizer "absoluto"? Não tem relação com coisa alguma? Em geral os termos são empregados com um significado específico. Vamos começar simplificando um pouco, antes de levar a discussão adiante.

Relativo é em relação à distribuição real da renda, isto é, varia quando o nível ou a forma dessa distribuição variam. Por exemplo, muda quando as sociedades ficam mais ou menos ricas ou desiguais. *Absoluto* é usado para dizer que o valor da linha de pobreza não depende da distribuição real.

Existe alguma confusão entre linhas de pobreza absolutas e relativas e medidas de desigualdade absoluta e relativa. A causa, evidentemente, é o uso da mesma terminologia para coisas diferentes. Linhas de pobreza absolutas e relativas são, respectivamente, linhas independentes ou dependentes da distribuição real da renda. Desigualdade absoluta e relativa é desigualdade dependente ou independente de uma escala de medida — uma moeda, por exemplo. A melhor maneira de entender a diferença entre pobreza absoluta e pobreza relativa é pensar em linhas dependentes ou independentes da distribuição real (de renda familiar per capita, por exemplo). As linhas relativas são dependentes, as absolutas são independentes. Aliás, talvez a nomenclatura dependentes/independentes seja até mais correta que a relativas/absolutas.

Em outras palavras, na definição de pobreza absoluta a linha de pobreza não depende da distribuição real. A mesma linha de pobreza pode ser aplicada a diferentes populações — por exemplo, uma linha hipotética de $ 5 por dia pode ser usada para identificar pobres em todo o mundo, se feitos ajustes de câmbio etc. Já na definição relativa, a linha de pobreza é relativa à distribuição real. A linha "os 25% da população com renda mais baixa", por exemplo, estabelecerá linhas com valores diferentes no Rio Grande do Norte e no Rio Grande do Sul. Ou no Brasil de 1930 e no Brasil de 2030.

De fato, o mais comum na pesquisa é a definição de linhas de pobreza em termos absolutos ou, mais precisamente, independentes da distribuição. Há vantagens nisso, em especial quando se quer dar ênfase ao efeito do crescimento econômico dos mais pobres sobre a pobreza. Uma linha como "os 25% mais pobres" é menos sensível a esse tipo de mudança caso a renda do quantil 25% — a renda da pessoa exatamente na fronteira dos 25% — também aumente. Mas definições relativas também são usadas, em particular na União Europeia, que adota a "metade da renda mediana" para certos monitoramentos, e essas linhas são sensíveis ao crescimento, ainda que de forma diferente.[1]

Houve um debate importante entre Peter Townsend e Amartya Sen sobre o *absoluto* da pobreza que acabou em razoável convergência. O núcleo da discussão era "relativa ou absoluta em termos de quê?". A melhor maneira de entender esse debate é pensar em dependente e independente da distribuição real. A conclusão geral é a de que mesmo o absoluto, independente, não é tão absoluto assim. Mas vale a pena examinar essa questão em mais detalhes para entender o que esteve em discussão, porque isso nos diz como proceder para definir e redefinir nossas linhas de pobreza e as políticas para combatê-la.

Coisas que eram um luxo no passado podem se tornar essenciais no presente. Energia elétrica residencial, na década de 1900, era um luxo; em 2000, era algo essencial. E assim foi também com cuidados de saúde, comunicações e muitas outras coisas, como saneamento, alimentação e habitação.

As pessoas sempre tiveram necessidades básicas de um local de habitação. Em cada momento seria possível identificar um nível abaixo do qual esse local seria insuficiente de acordo com algum juízo de valor. Tal nível, porém, varia no tempo. No Brasil, uma casa sem água corrente seria considerada suficiente em 1800 e insuficiente em 2000. Ou seja, há um componente absoluto na necessidade de habitação adequada, mas a forma de satisfazer essa necessidade é relativa a cada sociedade. As formas de satisfazer as necessidades são os *satisfatores*.

Em termos abstratos, a conclusão do debate entre Townsend e Sen é que "a pobreza é absoluta nas necessidades mas relativa nos satisfatores". O que, na prática, implica que a pobreza sempre tem um componente relativo. Mas relativo a quê? Relativo ao que afeta os satisfatores, como pode ser o caso do nível e da distribuição de renda. Uma sociedade mais rica pode ser mais ambiciosa em relação ao que quer assegurar ou mesmo a quem quer proteger e, desse modo, pode aceitar linhas de pobreza com valores absolutos mais altos. Por isso, linhas como "a metade da renda mediana" ou mesmo "os 25% mais pobres" não são desprovidas de sentido quando sua finalidade é a formulação de políticas de proteção social.

Se novos bens e serviços se tornarem parte das necessidades, a linha de pobreza também deve mudar. No ano 2000, uma pessoa sem acesso regular à internet provavelmente não seria avaliada como tendo sua necessidade de comunicação insuficientemente atendida. Na década de 2020, é fácil argumentar que ter acesso à internet é fundamental para satisfazer as necessidades de comunicação, pois trabalho, educação e uso de serviços públicos dependem desse acesso. Numa linha baseada em consumo, tanto os preços como a composição da cesta de consumo precisam mudar com o tempo — o que é um pesadelo para os pesquisadores, diga-se de passagem.

A regra "pobreza é absoluta" usada por pesquisadores tem limites. Ela pode ser uma ferramenta adequada para alguns tipos de pesquisa, mas programas reais de combate à pobreza devem ter clareza de que uma linha de pobreza expressa o jogo de poder no conflito distributivo. A noção de insuficiência depende de um juízo de valor e esse juízo é relativo a valores de um certo momento. Por exemplo, quanto mais rica for uma sociedade, mais alta tende a ser a linha que define o que é pobreza. Linhas de pobreza relativas e variáveis podem ser o inferno dos analistas, todavia expressam o bom senso dos formuladores de políticas. Se tratadas como ferramentas destinadas a propósitos diferentes, as duas podem conviver pacificamente.

Em tempo, números exatos variam no tempo, especialmente em períodos de crise, mas na década de 2010 as linhas "25% mais pobres" e "metade da mediana" da renda mensal total domiciliar per capita têm valores muito próximos e, com algum arredondamento, correspondem a meio salário mínimo, sem aplicação de escalas de equivalência. Uma linha internacional de pobreza para o Brasil, país de renda média superior, seria de PPC$ 5,50 per capita. No final dessa década, isso estaria mais próximo de dois terços do salário mínimo e dois terços da mediana e classificaria como pobres um número não muito distante de 33% da população.

Salário mínimo e pobreza

Durante algum tempo, perdurou a ideia de que o salário mínimo era uma causa da pobreza. Não era uma ideia fundamentada empiricamente, mas deduzida a partir de certos postulados. A lógica desse argumento era a de que, por terem que pagar salários mais altos, os empregadores contratariam menos gente, e isso causaria pobreza. No entanto, a partir de meados da década de 1990, resultados de experimentos naturais indicaram que pequenos aumentos do salário mínimo elevavam o nível de emprego — o contrário do que previa o argumento. Nos anos seguintes, esses resultados foram replicados em vários países, tanto de renda alta como de renda baixa, e cobrindo períodos de mais de duas décadas. Houve alguma controvérsia, mas a conclusão geral foi a de que aumentos pequenos do salário mínimo, ainda que sucessivos, reduzem a pobreza. Mesmo nos países mais pobres.[1]

Isso não significa que aumentos do salário mínimo beneficiam todos os grupos sociais da mesma maneira. De fato, há a possibilidade até de algum efeito negativo sobre os níveis de emprego de determinados tipos de trabalhadores, embora empiricamente tal efeito não seja observado com frequência. Também pode ser que a partir de certo ponto a elevação dos salários resulte em desemprego, mas não está claro quão alto é esse ponto. A estratégia de pequenos aumentos sucessivos possivelmente indicará o momento em que isso começar a acontecer, mostrando a necessidade de recalibrar a política salarial.

Um estudo que analisa a longa queda da pobreza no Brasil entre 2002 e 2013 identificou que aumentos do salário mínimo tiveram uma contribuição importante para essa queda, seja qual for a medida de pobreza utilizada: incidência, intensidade ou severidade. Beneficiaram, inclusive, a população extremamente pobre. A maior parte desse efeito se deve aos aumentos da remuneração do trabalho, mas a elevação dos pisos da Previdência e da assistência também teve um papel relevante.[2]

Algo em torno de 40% da queda da pobreza no período mencionado está relacionado aos aumentos do salário mínimo. Isso se aplica não só à queda na proporção de pobres, mas também à redução da severidade da pobreza. O efeito pode ser ainda maior se considerado o papel que o salário mínimo tem como referência de remuneração no setor informal.[3] Deixando de lado a cautela que se deve ter com todas as estimativas desse tipo, a magnitude do efeito é muito grande. A história da queda da pobreza de renda no Brasil nos anos 2000 é uma história de política salarial combinada a políticas de assistência e bom desempenho da economia.

Em parte, esse efeito se deu porque no Brasil o salário mínimo é mais que um piso de rendimento para o setor formal. Ele afeta os trabalhadores formais diretamente, por imposição legal. Mas também afeta os trabalhadores informais, pois serve de preço de referência para o trabalho. Empregadores, por exemplo, em geral contratam empregados informais para evitar contribuições trabalhistas ou custos de demissão, não para pagar menos que o salário mínimo. Pagar menos que o mínimo a um empregado implica o risco de um processo na Justiça do Trabalho que quase certamente dará ganho ao trabalhador injustiçado. Além disso, o salário mínimo é referência para o piso previdenciário e o BPC.

Nos últimos anos, a discussão não é mais se o salário mínimo é capaz de reduzir a pobreza, e sim se há instrumentos melhores para fazer isso. Pergunta, aliás, que pode e deve ser feita para qualquer política, inclusive as educacionais e tributárias.

Em termos gerais, a resposta que prevalece é a de que, para o objetivo único de reduzir índices de pobreza monetária no curto e médio prazo, nada se compara a transferências focalizadas em termos de custo-efetividade, nem mesmo a educação. Se a origem dos recursos também for levada em conta, nada se compara a transferências focalizadas financiadas por tributos progressivos, na relação custos-benefícios sociais.

Uma resposta dessas, no entanto, geralmente dá pouca atenção a outros objetivos de política e aos efeitos dinâmicos que boas políticas de educação, tributação e trabalho podem trazer para o país como um todo no longo prazo. Também dá pouca atenção para as possíveis consequências políticas dessas mudanças.

Assim como a educação pública, a política de salário mínimo busca atender a uma população que vai além dos pobres. A política salarial não deve ser entendida como uma política de combate à pobreza, e sim como uma política de proteção dos trabalhadores e aposentados de renda mais baixa que tem como um de seus efeitos a redução da pobreza. A elevação do salário mínimo pode não ser a política mais bem focalizada para o combate à pobreza, mas certamente é algo que tem se mostrado importante para isso.

Ensino fundamental é pouco para combater pobreza

Parece bastante evidente que uma médica tem bem menos chances de ser pobre do que uma analfabeta. Mas isso significa que investir em educação é uma boa política de combate à pobreza? Existe muita expectativa de que a educação seja uma grande solução para problemas sociais, quase uma panaceia, porém a resposta não é tão simples quanto parece.

Há uma série de dificuldades para supor o que acontecerá com a pobreza no Brasil em decorrência de melhoras educacionais. Isso implica, por exemplo, prever o nível e a distribuição da renda no mercado de trabalho num futuro distante. É difícil até mesmo avaliar o que teria acontecido se décadas atrás houvessem sido feitas melhorias expressivas na educação. Muita gente não pensa sobre a questão, mas se ainda mais pessoas tivessem educação primária, seria possível que a maior abundância levasse essa educação a perder valor e, com isso, sua capacidade de reduzir a pobreza. Por outro lado, com a maior qualificação da força de trabalho também seria possível que a economia como um todo respondesse, gerando postos de trabalho de melhor qualidade para a população de renda mais baixa.

Uma tentativa de simular o que teria ocorrido se a população tivesse nível educacional mais alto foi feita usando-se dados de 2015. Meio século antes dessa data, na década de 1960, o Brasil mal conseguia impedir o analfabetismo entre jovens. Mas supondo que reformas radicais houvessem sido feitas nessa época e todas as crianças a partir daí tivessem concluído o ensino fundamental, o que teria acontecido com os níveis de pobreza em 2015? Eles teriam caído, mas não muito diante de uma mudança educacional tão grande. Quanto, exatamente, depende da linha de pobreza usada. Numa linha de renda domiciliar per capita de um terço do salário mínimo, a redução teria sido, por exemplo, de 14% de pobres para 12% de pobres. Se todos os trabalhadores do país tivessem concluído o ensino médio, que é algo bem mais ambicioso, de 14% para 10% de pobres.[1] Há várias razões para isso, entre elas a de que a educação primária e a secundária, na média, não elevam tanto a renda das famílias quanto se costuma pensar. O grande peso é dado pela educação superior.

E se a qualidade do ensino primário melhorasse? Parte da baixa remuneração dos trabalhadores que têm ensino primário deve-se à baixa qualidade desse ensino. É de esperar que uma melhora de qualidade se reflita em melhores remunerações. Mas isso tem limites claros. Se a qualidade do ensino fundamental melhorasse tanto a ponto de essa educação se refletir em remunerações equivalentes às atuais dos trabalhadores que têm ensino secundário, o limite persistiria, redução de 14% para 10% de pobres. É uma queda muito bem-vinda, mas está longe de ser impressionante diante do esforço e do tempo que serão necessários para obtê-la.

Essas estimativas precisam ser vistas com ressalvas, mas ainda assim há indicações importantes aqui para o futuro. A primeira delas é que educação fundamental é pouco, mesmo se o objetivo for apenas o combate à pobreza. Seria necessário avançar na direção da universalização do ensino médio em toda a força de trabalho. A massificação do ensino secundário teria efeitos maiores, todavia cerca de dois terços da pobreza atual permaneceriam. Talvez não tanto, a depender de como a economia melhorasse em resposta à melhora educacional. A segunda é que seriam necessárias cinco décadas para obter esses efeitos. Reduções graduais ocorreriam já na segunda década posterior às reformas educacionais, mas sua evolução seria lenta. Ou seja, há limitações evidentes até mesmo para o uso do ensino secundário como ferramenta de erradicação da pobreza.

Massificar o ensino secundário custa caro. Seria a educação a melhor alternativa para o combate à pobreza em termos de custo-efetividade? No curto prazo, talvez não. Assim como a política de salário mínimo, a política educacional tem custos e benefícios diluídos entre vários grupos sociais. No entanto, isso não deve ser argumento suficiente para que investimentos educacionais sejam deixados de lado. Políticas desse tipo não têm como objetivo único o combate à pobreza.

Nada disso quer dizer que educação seja irrelevante. Menos ainda que educação não deva fazer parte do arsenal de medidas para o combate à pobreza. Significa apenas que há limites importantes para aquilo que a educação é capaz de fazer. Se, por um lado, a educação nunca foi tão insuficiente, por outro ela nunca foi tão necessária. Mas o combate à pobreza depende de uma série de outras políticas, e delas vai depender por muitas décadas.

Agradecimentos

Os resultados usados neste livro foram construídos a várias mãos. A maneira de ver os problemas reflete a visão de outros, além da minha. Por esses motivos, sou grato a muitas pessoas. Pedro Ferreira de Souza e eu trabalhamos tantos anos juntos que não há nada relevante aqui que não tenha sido em algum momento discutido com ele. Pedro é um pesquisador brilhante e um crítico rigoroso, mas ao longo de anos foi, acima de tudo, um amigo sincero. Foi também a voz da consciência que me acompanhou durante a escrita deste volume: ao terminar cada capítulo, eu me perguntava: "O que o Pedro vai dizer sobre isto?".

Os capítulos que relacionam educação a desigualdade salarial contaram, em diferentes momentos, com o auxílio direto de Juliana Galvão, Rogério Barbosa e Flavio Carvalhaes. De forma engenhosa e trabalhando de modo intenso, essas pessoas ajudaram a melhorar rapidamente meus argumentos. Emerson Rocha, que pesquisou as relações entre educação e diferenciais salariais, com foco nos efeitos de raça, me ensinou muito sobre as inúmeras maneiras como o racismo afeta a desigualdade, muitas das quais conseguimos ver mas não conseguimos medir.

As partes do livro que usam dados do Imposto de Renda só foram possíveis porque Fábio Castro foi o precursor da publicização recente dessas informações em sua dissertação de mestrado. A divulgação desses dados havia sido interrompida no final da década de 1980, mas se tornou rotina na Receita Federal depois de seu trabalho, em 2014. Fábio me ajudou explicando pacientemente como seus dados foram construídos. Tais dados mudaram muita coisa que sabíamos sobre a concentração da renda no topo. Há um antes e um depois na história da pesquisa sobre desigualdade no Brasil em função do que Fábio fez. Isso me afetou diretamente, já que quase tudo o que eu tinha produzido ao longo de anos precisou ser revisado. O mesmo vale para o trabalho de outros. A consequência é que resultados significativos de pesquisa produzidos por várias pessoas nas últimas décadas acabaram ficando fora do livro.

Em várias conversas, Armínio Fraga me mostrou a enorme importância de pensar as coisas em conjunto para conceber políticas. Armínio tem um espírito público imenso e uma habilidade inigualável de ouvir com atenção, encontrar o que é essencial em problemas complexos e argumentar de forma persuasiva a favor de soluções. É uma pessoa intelectualmente generosa. Em especial, a ele devo agradecer uma noção que é a espinha dorsal deste livro, uma visão construtivista: a de que em políticas públicas é fundamental que as ideias sejam expostas de maneira clara e simples, para que possam ser melhoradas por outras pessoas.

Notas

A DESIGUALDADE ESTÁ CONCENTRADA NO TOPO [pp. 17-25]

1. NCD Risk Factor Collaboration (NCD-RisC), "A Century of Trends in Adult Human Height", *eLife*, n. 5, e13410, 2016.
2. Ibid.
3. Andrea Rodriguez-Martinez et al., "Height and Body-Mass Index Trajectories of School-Aged Children and Adolescents from 1985 to 2019 in 200 Countries and Territories: A Pooled Analysis of 2181 Population-Based Studies with 65 Million Participants", *The Lancet*, Londres, v. 396, n. 10261, pp. 1511-24, 2020, Appendix (on-line), p. 122.
4. IBGE, "Mediana de altura por sexo e idade, 2008, 2009", Pesquisa de Orçamentos Familiares 2008-2009, Rio de Janeiro: IBGE; Coordenação de Trabalho e Rendimento, 2010.
5. Esses valores expressam, por aproximação, as distribuições de renda pessoal entre maiores de dezoito anos de 2011 a 2013, mas os valores foram convertidos para reais de maio de 2021, para referência. As distribuições resultam de uma combinação das Pesquisas Nacionais por Amostra de Domicílio (PNADs) com a Declaração de Imposto de Renda da Pessoa Física (DIRPF) no quantil 90%, inflacionadas pelo Índice Nacional de Preços ao Consumidor (INPC) do IBGE. A partir de 2014 o Brasil passa por um período de muita excepcionalidade, causada por recessão e pelos impactos econômicos decorrentes da pandemia de covid-19.
6. A família sobre a qual se baseia a renda familiar é um grupo doméstico. Aliás, um termo equivalente é "unidade domiciliar", que, para encurtar, os pesqui-

sadores chamam pelo nome da construção, o domicílio. Não é sem razão que os pesquisadores geralmente se referem à renda domiciliar e não à renda familiar. A ideia de família é um pouco mais complicada, pois uma pessoa vivendo só em um domicílio é considerada família e porque as definições do IBGE acabam subdividindo um grupo composto de pai, mãe, filha e neta em duas famílias separadas vivendo em um mesmo domicílio. Há um estudo descrevendo essa metodologia e o que aconteceu com as famílias no Brasil. A referência é Marcelo Medeiros e Rafael G. Osorio, "Mudanças na composição dos arranjos domiciliares no Brasil: 1978 a 1998", *Revista Brasileira de Estudos de População*, Rio de Janeiro, v. 17, n. 1-2 , pp. 67-85, 2000.

 7. Marco Antonio Carvalho Natalino, "Estimativa da população em situação de rua no Brasil", Nota Técnica n. 73. Brasília: Ipea, 2016.

 8. Essa é a distribuição das rendas individuais. Rendas domiciliares costumam ser mais bem distribuídas. A média da renda domiciliar per capita de todas as pessoas na *Pesquisa de Orçamentos Familiares 2017-2018*, levando em conta rendimentos não monetários e aluguéis imputados, é de R$ 25 mil por ano, em contraste com uma mediana de R$ 15 mil, todos os valores em reais de maio de 2021. Neste caso a média é um pouco menos que o dobro da mediana e a população abaixo da média é próxima, porém não alcança 75%.

 9. Em reais de maio de 2021.

 10. Marcelo Medeiros e Pedro H. G. F. Souza, "A estabilidade da desigualdade no Brasil entre 2006 e 2012: Resultados adicionais", *Pesquisa e Planejamento Econômico*, Brasília, v. 46, n. 3, pp. 7-31, 2016.

 11. Uma medida de desigualdade menos usada, o índice de Theil-T, seria mais sensível a uma duplicação da renda das pessoas na metade mais pobre do país. Medida por esse índice, a desigualdade cairia 25%, o que é expressivo, mas ainda assim um pouco limitado diante da magnitude da mudança simulada.

POUCOS TÊM MUITO, MUITOS TÊM POUCO [pp. 27-31]

 1. Jonathan K. Foster, *Memory: A Very Short Introduction*. Oxford: OUP, 2008.

 2. Marcelo Medeiros, Pedro H. G. F. Souza e Fábio Avila de Castro, "A estabilidade da desigualdade de renda no Brasil, 2006 a 2012: Estimativa com dados do Imposto de Renda e pesquisas domiciliares", *Ciência & Saúde Coletiva*, Rio de Janeiro, v. 20, n. 4, pp. 971-86, 2015.

OS NOMES DAS CLASSES IMPORTAM [pp. 33-7]

1. Anders Bergström et al., "Grey Wolf Genomic History Reveals a Dual Ancestry of Dogs", *Nature*, v. 607, n. 7918, pp. 313-20, 2022.
2. James Mallet, "A Species Definition for the Modern Synthesis", *Trends in Ecology & Evolution*, Londres, v. 10, n. 7, pp. 294-9, 1995.
3. Zhenxin Fan et al., "Worldwide Patterns of Genomic Variation and Admixture in Gray Wolves", *Genome Research*, Cold Spring Harbor, v. 26, n. 2, pp. 163-73, 2016.

CLASSES: REFINAR NO TOPO É MELHOR [pp. 39-45]

1. Bem, isso da sombra é um pouco mais complicado, mas quem se perde nos detalhes é Funes, o Memorioso.
2. Paul Haupt, "Philological and Archeological Studies", *The American Journal of Philology*, Baltimore, v. 45, n. 3, pp. 238-59, 1924.
3. A distribuição usada para exemplificar será a distribuição da renda pessoal total anualizada entre adultos de 2012, com valores atualizados para maio de 2021 e aproximados para milhares de reais e razões em números inteiros. Os dados anualizados são provenientes da combinação de microdados de uma pesquisa amostral (PNAD 2012) e tabulações interpoladas do Imposto de Renda (DIRPF 2012).
4. As contas aqui vão excluir o último milésimo da distribuição, para evitar erros causados por artefatos da interpolação, pois a precisão não é muito relevante.

UM PROBLEMA POLÍTICO [pp. 47-53]

1. Albert Fishlow, "O grande debate da distribuição de renda: Uma réplica mais completa", *Estudos Econômicos*, São Paulo, v. 4, n. 3, pp. 155-70, 1974.
2. Id., "Brazilian Size Distribution of Income", *The American Economic Review*, Pittsburgh, v. 62, n. 1-2, pp. 391-402, 1972.
3. Rodolfo Hoffmann e J. C. Duarte, "A distribuição da renda no Brasil: Duas correções", *Revista de Administração de Empresas*, v. 12, n. 4, p. 72, 1972.
4. Id., "O grande debate da distribuição de renda: Uma réplica mais completa", *Estudos Econômicos*, São Paulo, v. 4, n. 3, p. 156, 1974.
5. Os dados são do Banco Mundial, valores de 2018 e 2019, expressos em PPC$ na edição de 2011 para dar conta dos diferenciais de custo de vida. Disponível em: <https://data.worldbank.org/>. Acesso em: 22 jun. 2022.

6. Serge-Christophe Kolm, "The Optimal Production of Social Justice". In: Julius Margolis e Henri Guitton (orgs.), *Public Economics*. Londres: Macmillan, 1969, pp. 145-200; Anthony B. Atkinson, "On the Measurement of Inequality", *Journal of Economic Theory*, Amsterdam, v. 2, n. 3, pp. 244-63, 1970.
7. A terminologia tem origem na filosofia utilitarista, mas as ideias gerais que ela expressa são bem-aceitas, mesmo em outras correntes filosóficas.

ENSINO MÉDIO É POUCO PARA A DESIGUALDADE [pp. 55-64]

1. Miguel Darcy de Oliveira (org.), *Discursos selecionados do presidente Fernando Henrique Cardoso*. Brasília: Fundação Alexandre de Gusmão, 2010, p. 51.
2. Marcelo Medeiros, Rogério J. Barbosa e Flavio Carvalhaes, "Educational Expansion, Inequality and Poverty Reduction in Brazil: A Simulation Study", *Research in Social Stratification and Mobility*, Greenwich, v. 66, 100458, 2020.
3. Ibid.
4. Lauro Ramos e Mauricio Reis, "A escolaridade dos pais, os retornos à educação no mercado de trabalho e a desigualdade de rendimentos", Texto para Discussão n. 1442. Brasília: Ipea, 2009; Wladimir Machado Teixeira e Naércio Aquino Menezes-Filho, "Estimando o retorno à educação do Brasil considerando a legislação educacional brasileira como um instrumento", *Brazilian Journal of Political Economy*, São Paulo, v. 32, n. 3, pp. 479-96, 2012.
5. O ponto exato a partir do qual a queda ocorre depende da medida de desigualdade e da existência ou não de redistribuições. No coeficiente de Gini esse ponto é a média.

EDUCAÇÃO É INVESTIMENTO DE LONGO PRAZO [pp. 65-9]

1. Leonor Maria Tanuri, "História da formação de professores", *Revista Brasileira de Educação*, Rio de Janeiro, n. 14, pp. 61-88, 2000.
2. Marcelo Medeiros, Rogério J. Barbosa e Flavio Carvalhaes, "Educational Expansion, Inequality and Poverty Reduction in Brazil: A Simulation Study", *Research in Social Stratification and Mobility*, Greenwich, v. 66, 100458, 2020.

QUEM É RICO? [pp. 73-9]

1. Marcelo Medeiros e Pedro H. G. F. Souza, "The Rich, the Affluent and the Top Incomes: A Literature Review", IRLE Working Paper n. 105-14, Berkeley, p. 54, 2014.

2. Ibid.
3. Marcelo Medeiros, *O que faz os ricos ricos: O outro lado da desigualdade brasileira*. São Paulo: Anpocs; Hucitec, 2005.
4. Pedro H. G. F. Souza, "A History of Inequality: Top Incomes in Brazil, 1926-2015", *Research in Social Stratification and Mobility*, Amsterdam, v. 57, pp. 35-45, 2018.

A RENDA DOS RICOS É DIFERENTE [pp. 81-90]

1. Giorgio Marbach, "The Scientific Correspondence of Corrado Gini: Synthesis and Reflections", *Statistica Applicata: Italian Journal of Applied Statistics*, Milão, v. 28, n. 2-3, pp. 209-22, 2016.
2. Marcelo Medeiros e Fábio Avila de Castro, "A composição da renda no topo da distribuição: Evolução no Brasil entre 2006 e 2012, a partir de informações do Imposto de Renda", *Economia e Sociedade*, Campinas, v. 27, n. 2, pp. 577-605, 2018.
3. Havendo acesso aos microdados, é possível isolar os Rendimentos Recebidos de Pessoa Física, que, por aproximação, representam os aluguéis.

OS RICOS SÃO UM PAÍS DESIGUAL [pp. 91-3]

1. Concentração da distribuição de rendimentos de todas as fontes entre adultos de dezoito anos de idade ou mais, incluindo adultos sem rendimentos.
2. O coeficiente de Gini, uma das medidas mais comuns de desigualdade, mede quanto a desigualdade real numa população se aproxima da desigualdade máxima possível. Um coeficiente de 0,508, por exemplo, significa que a desigualdade dentro dos 10% mais ricos equivale a 50,8% do que aconteceria se uma única pessoa mais rica detivesse toda a renda do grupo (ou seja, 100% da desigualdade possível).
3. Marcelo Medeiros, Pedro H. G. F. Souza e Fábio Avila de Castro, "A estabilidade da desigualdade de renda no Brasil, 2006 a 2012: Estimativa com dados do Imposto de Renda e pesquisas domiciliares", *Ciência & Saúde Coletiva*, v. 20, n. 4, pp. 971-86, 2015; Marcelo Medeiros e Fábio Avila de Castro, "A composição da renda no topo da distribuição: Evolução no Brasil entre 2006 e 2012, a partir de informações do Imposto de Renda", *Economia e Sociedade*, v. 27, n. 2, pp. 577--605, 2018.

O NEGRO NO MUNDO DOS RICOS [pp. 95-8]

1. Emerson Ferreira Rocha, *O negro no mundo dos ricos: Um estudo sobre a disparidade racial de riqueza com os dados do Censo 2010*. Brasília: Editora da UnB, 2019.
2. Ibid.

A RIQUEZA DOS RICOS [pp. 99-107]

1. Pitirim Aleksandrovich Sorokin, *A Long Journey; the Autobiography of Pitirim A. Sorokin*. New Haven, CT: College and University Press, 1963.
2. Barry V. Johnston, "Sorokin Lives! Centennial Observations". *Footnotes*, Nova York, v. 17, n. 1, pp. 1-5, 1989.
3. Pitirim Sorokin, "American Millionaires and Multi-Millionaires: A Comparative Statistical Study", *Journal of Social Forces*, Chapel Hill, v. 3, n. 4, pp. 627--40, 1925.
4. Comissão das Relações Industriais dos Estados Unidos e Frank P. Walsh, *Final Report of the Commission on Industrial Relation*. Washington, DC: Barnard & Miller Print, 1915.
5. James B. Davies et al., "The Level and Distribution of Global Household Wealth", *The Economic Journal*, Oxford, v. 121, n. 551, pp. 223-54, 2011.
6. Anthony B. Atkinson, "Concentration among the Rich". In: James B. Davies (org.), *Personal Wealth from a Global Perspective*. Oxford: OUP, 2008; James B. Davies e Anthony F. Shorrocks, "The Distribution of Wealth". In: Anthony B. Atkinson e François Bourguignon (orgs.), *Handbook of Income Distribution*. Amsterdam: Elsevier, 2000, v. I, pp. 605-75.
7. Christopher D. Carroll, "Portfolios of the Rich", NBER Working Paper 7826, Cambridge, MA: National Bureau of Economic Research, 2000.
8. Marcelo Medeiros e Fábio Avila de Castro, "A composição da renda no topo da distribuição: Evolução no Brasil entre 2006 e 2012, a partir de informações do Imposto de Renda". *Economia e Sociedade*, v. 27, n. 2, pp. 577-605, 2018.
9. Fábio Avila de Castro, *Imposto de Renda da Pessoa Física: Comparações internacionais, medidas de progressividade e redistribuição*. Brasília: UnB, 2014. Tese (Mestrado em Economia). Não publicada.
10. Id., "O estudo dos ricos no Brasil", *Revista Econômica*, Niterói, v. 7, n. 1, pp. 99-128, 2005; id., "Distribuição da riqueza no Brasil: Limitações a uma estimativa precisa a partir dos dados tabulados do IRPF disponíveis (The Distribution of Wealth in Brazil: Limitations for a Precise Estimate from the Existing Tabulated Data from IRPF)", Rochester, NY: Social Science Research Network, 15 ago. 2015.

RIQUEZA, RENDA E CONSUMO SÃO COISAS DIFERENTES
[pp. 109-13]

1. Na contabilidade centrada no consumo, a venda de um carro pode ser registrada como renda porque sua compra correspondeu a uma despesa num período anterior.
2. Rodolfo Hoffmann e Daniela Verzola Vaz, "Mensurando a desigualdade no Brasil: Evidências a partir da renda e dos gastos das famílias", *RBEST: Revista Brasileira de Economia Social e do Trabalho*, Campinas, v. 3, 2021.
3. Facundo Alvaredo e Leonardo Gasparini, "Recent Trends in Inequality and Poverty in Developing Countries. In: Anthony B. Atkinson e François Bourguignon (orgs.), *Handbook of Income Distribution*. Amsterdam: Elsevier, 2015, v. II, pp. 697-805.
4. Rodolfo Hoffmann e Daniela Verzola Vaz, "Mensurando a desigualdade no Brasil: Evidências a partir da renda e dos gastos das famílias", *RBEST: Revista Brasileira de Economia Social e do Trabalho*, Campinas, v. 3, 2021.

TRIBUTAÇÃO DA RIQUEZA NÃO É NADA DE OUTRO MUNDO [pp. 115-8]

1. Rui Barbosa, *Obras completas de Rui Barbosa*. Rio de Janeiro: Ministério da Educação e Saúde, 1949, v. 18, t. 3, p. 21.
2. Francisco Tito de Souza Reis, *O Imposto de Renda em seis annos de adaptação no Brasil: 1924-1929*. Rio de Janeiro: Delegacia Geral do Imposto sobre a Renda, 1930.

O QUE SIGNIFICA SER POBRE? [pp. 127-31]

1. Kate Gould, "Antibiotics: From Prehistory to the Present Day", *The Journal of Antimicrobial Chemotherapy*, Oxford, v. 71, n. 3, pp. 572-5, 2016.
2. Ibid.
3. Luigi Capasso, "5300 Years Ago, the Ice Man Used Natural Laxatives and Antibiotics", *The Lancet*, Londres, v. 352, n. 9143, p. 1864, 1998.
4. Adriana Stankiewicz Serra, *Pobreza multidimensional no Brasil rural e urbano*. Campinas: Unicamp, 2017. Tese (Doutorado em Economia). Não publicada. p. 98.

QUANTOS POBRES? [pp. 133-9]

1. Luiz Inácio Lula da Silva, *Discursos selecionados do presidente Luiz Inácio Lula da Silva*. Brasília: Fundação Alexandre de Gusmão, 2008, p. 9.
2. Adriana Stankiewicz Serra, *Pobreza multidimensional no Brasil rural e urbano*. Campinas: Unicamp, 2017. Tese (Doutorado em Economia). Não publicada. p. 103.
3. "Família" ou "domicílio", o que esses termos querem indicar é o conjunto de pessoas que vivem numa residência privada e formam uma unidade de consumo.
4. Sophie Ponthieux e Dominique Meurs, "Gender Inequality. In: Anthony B. Atkinson e François Bourguignon (orgs.), *Handbook of Income Distribution*. Amsterdam: Elsevier, 2015, v. II, pp. 981-1146.
5. Fábio Monteiro Vaz, *Escalas de equivalência e demanda do consumidor*. Brasília: UnB, 2012. Tese (Doutorado em Economia).
6. Ibid., p. 225.
7. Sonia Rocha, "Poverty Upsurge in 2015 and the Rising Trend in Regional and Age Inequality among the Poor in Brazil", *Nova Economia*, Belo Horizonte, v. 29, n. 1, pp. 249-75, 2019.
8. Ibid.

SER POBRE, ESTAR POBRE [pp. 141-5]

1. Rafael Guerreiro Osorio et al., "Perfil da pobreza no Brasil e sua evolução no período 2004-2009", Texto para Discussão n. 1647. Brasília: Ipea, 2011.

VULNERÁVEIS [pp. 147-51]

1. Mauricio Gallardo, "Identifying Vulnerability to Poverty: A Critical Survey", *Journal of Economic Surveys*, Oxford, v. 32, n. 4, pp. 1074-105, 2018.
2. Francisco H. G. Ferreira et al., *Economic Mobility and the Rise of the Latin American Middle Class*. Washington: The World Bank, 2012, p. 106.
3. Marco Stampini et al., "Poverty, Vulnerability, and the Middle Class in Latin America", *Latin American Economic Review*, Heidelberg, v. 25, n. 1, p. 9, 2016.
4. Nancy Birdsall, Nora Lustig e Christian J. Meyer, "The Strugglers: The New Poor in Latin America?", *World Development*, Amsterdam, n. 60, p. 41, 2014.
5. Marco Stampini et al., "Poverty, Vulnerability, and the Middle Class in Latin America", *Latin American Economic Review*, Heidelberg, v. 25, n. 1, p. 9, 2016.
6. Francisco H. G. Ferreira et al., *Economic Mobility and the Rise of the Latin American Middle Class*. Washington: The World Bank, 2012, p. 96.

AS EVIDÊNCIAS SÃO BASEADAS EM POLÍTICA [pp. 157-60]

1. Linhas de pobreza também fazem isso.
2. James Foster, Joel Greer e Erik Thorbecke, "A Class of Decomposable Poverty Measures", *Econometrica*, Nova York, v. 52, n. 3, pp. 761-6, 1984.
3. Todos esses indicadores são usados com regularidade no Brasil, e pesquisadores geralmente calculam os três para analisá-los em conjunto.

LINHA DE POBREZA: MUDAR PARA REFLETIR AMBIÇÕES [pp. 161-5]

1. Vale notar que é um erro dizer que numa definição relativa de pobreza sempre haverá pobres. Na linha 25% do exemplo, sempre haverá; no entanto, na definição relativa em que a linha de pobreza é igual à metade da renda mediana, é possível não haver uma única pessoa pobre na população. É também um erro dizer que com a linha 25% a pobreza não pode ser combatida. A intensidade da pobreza — a distância em relação à linha — pode, sim, ser reduzida. Ou seja, com uma linha desse tipo a pobreza pode até não ser erradicada, mas pode ser aliviada.

SALÁRIO MÍNIMO E POBREZA [pp. 167-9]

1. T. H. Gindling, "Does Increasing the Minimum Wage Reduce Poverty in Developing Countries?", IZA World of Labor, 2018.
2. Alessandra Scalioni Brito e Celia Lessa Kerstenetzky, "Has the Minimum Wage Policy Been Important for Reducing Poverty in Brazil? A Decomposition Analysis for the Period from 2002 to 2013", *EconomiA*, Amsterdam, v. 20, n. 1, pp. 27-43, 2019.
3. Ibid.

ENSINO FUNDAMENTAL É POUCO PARA COMBATER POBREZA [pp. 171-3]

1. Marcelo Medeiros, Rogério J. Barbosa e Flavio Carvalhaes, "Educational Expansion, Inequality and Poverty Reduction in Brazil: A Simulation Study", *Research in Social Stratification and Mobility*, v. 66, 100458, 2020.

Referências bibliográficas

ALVAREDO, Facundo; GASPARINI, Leonardo. "Recent Trends in Inequality and Poverty in Developing Countries". In: ATKINSON, Anthony B.; BOURGUIGNON, François (Orgs.). *Handbook of Income Distribution*. Amsterdam: Elsevier, 2015. v. II, pp. 697-805.

ATKINSON, Anthony B. "On the Measurement of Inequality". *Journal of Economic Theory*, Amsterdam, v. 2, n. 3, pp. 244-63, 1970. Disponível em: <https://doi.org/10.1016/0022-0531(70)90039-6>. Acesso em: 22 jun. 2022.

_____. "Concentration among the Rich". In: DAVIES, James B. (Org.). *Personal Wealth from a Global Perspective*. Oxford: OUP, 2008. pp. 64-91.

BARBOSA, Rui. *Obras completas de Rui Barbosa*. Rio de Janeiro: Ministério da Educação e Saúde, 1949. v. 18, t. 3.

BERGSTRÖM, Anders et al. "Grey Wolf Genomic History Reveals a Dual Ancestry of Dogs". *Nature*, v. 607, n. 7918, pp. 313-20, 2022. Disponível em: <https://doi.org/10.1038/s41586-022-04824-9>. Acesso em: 22 jun. 2022.

BIRDSALL, Nancy; LUSTIG, Nora; MEYER, Christian J. "The Strugglers: The New Poor in Latin America?". *World Development*, Amsterdam, n. 60, pp. 132-46, 2014.

BRITO, Alessandra Scalioni; KERSTENETZKY, Celia Lessa. "Has the Minimum Wage Policy Been Important for Reducing Poverty in Brazil? A Decomposition Analysis for the Period from 2002 to 2013". *EconomiA*, Amsterdam, v. 20, n. 1, pp. 27-43, 2019. Disponível em: <https://doi.org/10.1016/j.econ.2019.02.002>. Acesso em: 22 jun. 2022.

CAPASSO, Luigi. "5300 Years Ago, the Ice Man Used Natural Laxatives and Antibiotics". *The Lancet*, Londres, v. 352, n. 9143, p. 1864, 1998. Disponível em: <https://doi.org/10.1016/S0140-6736(05)79939-6>. Acesso em: 22 jun. 2022.

CARROLL, Christopher D. "Portfolios of the Rich". NBER Working Paper 7826, Cambridge, MA: National Bureau of Economic Research, 2000.

CASTRO, Fábio Avila de. *Imposto de Renda da Pessoa Física: Comparações internacionais, medidas de progressividade e redistribuição*. Brasília: UnB, 2014. Tese (Mestrado em Economia). Não publicada.

Comissão das Relações Industriais dos Estados Unidos; WALSH, Frank P. *Final Report of the Commission on Industrial Relations*. Washington, DC: Barnard & Miller Print, 1915. Disponível em: <http://www.gale.com/ModernLaw/>. Acesso em: 8 out. 2013.

DAVIES, James B.; SHORROCKS, Anthony F. "The Distribution of Wealth". In: ATKINSON, Anthony B.; BOURGUIGNON, François (Orgs.). *Handbook of Income Distribution*. Amsterdam: Elsevier, 2000. v. 1, pp. 605-75.

DAVIES, James B.; SANDSTRÖM, Susanna; WOLFF, Edward N. "The Level and Distribution of Global Household Wealth". *The Economic Journal*, Oxford, v. 121, n. 551, pp. 223-54, 2011. Disponível em: <https://doi.org/10.1111/j.1468-0297.2010.02391.x>. Acesso em: 22 jun. 2022.

FAN, Zhenxin et al. "Worldwide Patterns of Genomic Variation and Admixture in Gray Wolves". *Genome Research*, Cold Spring Harbor, v. 26, n. 2, pp. 163--73, 2016. Disponível em: <https://doi.org/10.1101/gr.197517.115>. Acesso em: 22 jun. 2022.

FAN, Zhenxin; SILVA, Pedro; GRONAU, Ilan; WANG, Shuoguo; ARMERO, Aitor Serres; SCHWEIZER, Rena M. et al. "Worldwide Patterns of Genomic Variation and Admixture in Gray Wolves". *Genome Research*, Cold Spring Harbor, v. 26, n. 2, pp. 163-73, 2016. Disponível em: <https://doi.org/10.1101/gr.197517.115>. Acesso em: 22 jun. 2022.

FERREIRA, Francisco H. G.; MESSINA, Julian; RIGOLINI, Jamele; LÓPEZ-CALVA, Luis-Felipe; LUGO, Maria Ana; VAKIS, Renos. *Economic Mobility and the Rise of the Latin American Middle Class*. Washington: The World Bank, 2012.

FISHLOW, Albert. "Brazilian Size Distribution of Income". *The American Economic Review*, Pittsburgh, v. 62, n. 1-2, pp. 391-402, 1972. Disponível em: <https://doi.org/10.2307/1821573>. Acesso em: 22 jun. 2022.

_____. "O grande debate da distribuição de renda: Uma réplica mais completa". *Estudos Econômicos*, São Paulo, v. 4, n. 3, pp. 155-70, 1974.

FOSTER, James; GREER, Joel; THORBECKE, Erik. "A Class of Decomposable Poverty Measures". *Econometrica*, Nova York, v. 52, n. 3, pp. 761-6, 1984. Disponível em: <https://doi.org/10.2307/1913475>. Acesso em: 22 jun. 2022.

FOSTER, Jonathan K. *Memory: A Very Short Introduction*. Oxford: OUP, 2008.

GALLARDO, Mauricio. "Identifying Vulnerability to Poverty: A Critical Survey". *Journal of Economic Surveys*, Oxford, v. 32, n. 4, pp. 1074-105, 2018. Disponível em: <https://doi.org/10.1111/joes.12216>. Acesso em: 22 jun. 2022.

GINDLING, T. H. "Does Increasing the Minimum Wage Reduce Poverty in Developing Countries?". IZA World of Labor, 2018. Disponível em: <https://doi.org/10.15185/izawol.30>. Acesso em: 22 jun. 2022.

GOULD, Kate. "Antibiotics: From Prehistory to the Present Day". *The Journal of Antimicrobial Chemotherapy*, Oxford, v. 71, n. 3, pp. 572-5, 2016. Disponível em: <https://doi.org/10.1093/jac/dkv484>. Acesso em: 22 jun. 2022.

HAUPT, Paul. "Philological and Archeological Studies". *The American Journal of Philology*, Baltimore, v. 45, n. 3, pp. 238-59, 1924. Disponível em: <https://doi.org/10.2307/289171>. Acesso em: 22 jun. 2022.

HOFFMANN, Rodolfo; DUARTE, J. C. "A distribuição da renda no Brasil: duas correções". *Revista de Administração de Empresas*, v. 12, n. 4, p. 72, 1972.

HOFFMANN, Rodolfo; VAZ, Daniela Verzola. "Mensurando a desigualdade no Brasil: Evidências a partir da renda e dos gastos das famílias". *Revista Brasileira de Economia Social e do Trabalho*, Campinas, v. 3, 2021.

IBGE. "Mediana de altura por sexo e idade". In: *Pesquisa de Orçamentos Familiares 2008-2009*. Rio de Janeiro: IBGE; Coordenação de Trabalho e Rendimento, 2010. Disponível em: <https://www.ibge.gov.br/estatisticas/sociais/populacao/9050-pesquisa-de-orcamentos-familiares.html?edicao=9058&t=destaques>. Acesso em: 22 jun. 2022.

JOHANSSON, Sverker. "Language Abilities in Neanderthals". *Annual Review of Linguistics*, Palo Alto, v. 1, pp. 311-32, 2015. Disponível em: <https://doi.org/10.1146/annurev-linguist-030514-124945>. Acesso em: 22 jun. 2022.

JOHNSTON, Barry V. "Sorokin Lives! Centennial Observations". *Footnotes*, Nova York, v. 17, n. 1, pp. 1-5, 1989.

KOLM, Serge-Christophe. "The Optimal Production of Social Justice". In: *Public Economics*. Londres: Macmillan, 1969. pp. 145-200.

MALLET, James. "A Species Definition for the Modern Synthesis". *Trends in Ecology & Evolution*, Londres, v. 10, n. 7, pp. 294-9, 1995. Disponível em: <https://doi.org/10.1016/0169-5347(95)90031-4>. Acesso em: 22 jun. 2022.

MARBACH, Giorgio. "The Scientific Correspondence of Corrado Gini: Synthesis and Reflections". *Statistica Applicata: Italian Journal of Applied Statistics*, Milão, v. 28, n. 2-3, pp. 209-22, 2016.

MEDEIROS, Marcelo. "O estudo dos ricos no Brasil". *Revista Econômica*, Niterói, v. 7, n. 1, pp. 99-128, 2005.

_____. *O que faz os ricos ricos: O outro lado da desigualdade brasileira*. São Paulo: Anpocs; Hucitec, 2005.

_____. "Distribuição da riqueza no Brasil: Limitações a uma estimativa precisa a partir dos dados tabulados do IRPF disponíveis (The Distribution of Wealth in Brazil: Limitations for a Precise Estimate from the Existing Tabulated Data from IRPF)". Rochester, NY: Social Science Research Network, 15 ago. 2015. Disponível em: <https://papers.ssrn.com/abstract=2641192>. Acesso em: 11 abr. 2017.

MEDEIROS, Marcelo; BARBOSA, Rogério J.; CARVALHAES, Flavio. "Educational Expansion, Inequality and Poverty Reduction in Brazil: A Simulation Study". *Research in Social Stratification and Mobility*, Greenwich, v. 66, 100458, 2020. Disponível em: <https://doi.org/10.1016/j.rssm.2019.100458>. Acesso em: 22 jun. 2022.

MEDEIROS, Marcelo; CASTRO, Fábio Avila de. "A composição da renda no topo da distribuição: Evolução no Brasil entre 2006 e 2012, a partir de informações do Imposto de Renda". *Economia e Sociedade*, Campinas, v. 27, n. 2, pp. 577-605, 2018.

MEDEIROS, Marcelo; OSORIO, Rafael G. "Mudanças na composição dos arranjos domiciliares no Brasil: 1978 a 1998". *Revista Brasileira de Estudos de População*, Rio de Janeiro, v. 17, n. 1-2, pp. 67-85, 2000.

MEDEIROS, Marcelo; SOUZA, Pedro H. G. F. "The Rich, the Affluent and the Top Incomes: A Literature Review". IRLE Working Paper n. 105-14, Berkeley: University of California Berkeley, 4 abr. 2014. Disponível em: <http://irle.berkeley.edu/workingpapers/105-14.pdf>. Acesso em: 22 jun. 2022.

_____. "A estabilidade da desigualdade no Brasil entre 2006 e 2012: Resultados adicionais". *Pesquisa e Planejamento Econômico*, Brasília, v. 46, n. 3, pp. 7-31, 2016.

MEDEIROS, Marcelo; SOUZA, Pedro H. G. F.; CASTRO, Fábio Avila de. "A estabilidade da desigualdade de renda no Brasil, 2006 a 2012: Estimativa com dados do Imposto de Renda e pesquisas domiciliares". *Ciência & Saúde Coletiva*, Rio de Janeiro, v. 20, n. 4, pp. 971-86, 2015. Disponível em: <https://doi.org/10.1590/1413-81232015204.00362014>. Acesso em: 22 jun. 2022.

NATALINO, Marco Antonio Carvalho. "Estimativa da população em situação de rua no Brasil", Nota Técnica n. 73. Brasília: Ipea, 2016.

NCD Risk Factor Collaboration (NCD-RisC). "A Century of Trends in Adult Human Height". *eLife*, n. 5, e13410, 2016. Disponível em: <https://doi.org/10.7554/eLife.13410>. Acesso em: 22 jun. 2022.

OLIVEIRA, Miguel Darcy de (Org.). *Discursos selecionados do presidente Fernando Henrique Cardoso*. Brasília: Fundação Alexandre de Gusmão, 2010.

OSORIO, Rafael Guerreiro; SOUZA, Pedro H. G. F.; SOARES, Sergei S. D.; OLIVEIRA, Luis Felipe Batista de. "Perfil da pobreza no Brasil e sua evolução no período 2004-2009". Texto para Discussão n. 1647. Brasília: Ipea, 2011. Disponível em: <https://www.econstor.eu/handle/10419/91289>. Acesso em: 18 ago. 2021.

PONTHIEUX, Sophie; MEURS, Dominique. "Gender Inequality". In: ATKINSON, Anthony B.; BOURGUIGNON, François (Orgs.). *Handbook of Income Distribution*. Amsterdam: Elsevier, 2015. v. II, pp. 981-1146.

RAMOS, Lauro; REIS, Mauricio. "A escolaridade dos pais, os retornos à educação no mercado de trabalho e a desigualdade de rendimentos". Texto para Discussão n. 1442. Brasília: Ipea, 2009. Disponível em: <http://repositorio.ipea.gov.br/handle/11058/2629>. Acesso em: 12 abr. 2018.

ROCHA, Emerson Ferreira. *O negro no mundo dos ricos: Um estudo sobre a disparidade racial de riqueza com os dados do Censo 2010*. Brasília: Editora da UnB, 2019. Disponível em: <http://books.scielo.org/id/z7hc7>. Acesso em: 30 ago. 2021.

ROCHA, Sonia. "Poverty Upsurge in 2015 and the Rising Trend in Regional and Age Inequality among the Poor in Brazil". *Nova Economia*, Belo Horizonte, v. 29, n. 1, pp. 249-75, 2019. Disponível em: <https://doi.org/10.1590/0103-6351/3992>. Acesso em: 22 jun. 2022.

RODRIGUEZ-MARTINEZ, Andrea; ZHOU, Bin; SOPHIEA, Marisa K.; BENTHAM, James; PACIOREK, Christopher J.; IURILLI, Maria L.C. et al. "Height and Body-Mass Index Trajectories of School-Aged Children and Adolescents from 1985 to 2019 in 200 Countries and Territories: A Pooled Analysis of 2181 Population-Based Studies with 65 Million Participants". *The Lancet*, Londres, v. 396, n. 10261, pp. 1511-24, 2020. Disponível em: <https://doi.org/10.1016/S0140-6736(20)31859-6>. Acesso em: 22 jun. 2022.

SERRA, Adriana Stankiewicz. *Pobreza multidimensional no Brasil rural e urbano*. Campinas: Unicamp, 2017. Tese (Doutorado em Economia). Não publicada. Disponível em: <http://repositorio.unicamp.br/jspui/handle/REPOSIP/322071>. Acesso em: 18 ago. 2021.

SILVA, Luiz Inácio Lula da. *Discursos selecionados do presidente Luiz Inácio Lula da Silva*. Brasília: Fundação Alexandre de Gusmão, 2008.

SOROKIN, Pitirim. "American Millionaires and Multi-Millionaires: A Comparative Statistical Study". *Journal of Social Forces*, Chapel Hill, v. 3, n. 4, pp. 627-40, 1925. Disponível em: <https://doi.org/10.2307/3005057>. Acesso em: 22 jun. 2022.

_____. *A Long Journey: The Autobiography of Pitirim A. Sorokin*. New Haven, CT: College and University Press, 1963. Disponível em: <http://archive.org/details/longjourneyautob00soro>. Acesso em: 13 jun. 2022.

SOUZA, Pedro H. G. F. "A History of Inequality: Top Incomes in Brazil, 1926--2015". *Research in Social Stratification and Mobility*, Amsterdam, v. 57, pp. 35-45, 2018. Disponível em: <https://doi.org/10.1016/j.rssm.2018.07.003>. Acesso em: 22 jun. 2022.

SOUZA REIS, Francisco Tito de. *O Imposto de Renda em seis annos de adaptação no Brasil: 1924-1929*. Rio de Janeiro: Delegacia Geral do Imposto sobre a Renda, 1930.

STAMPINI, Marco; ROBLES, Marcos; SÁENZ, Mayra; IBARRARÁN, Pablo; MEDELLÍN, Nadin. "Poverty, Vulnerability, and the Middle Class in Latin America". *Latin American Economic Review*, Heidelberg, v. 25, n. 1, pp. 1-44, 2016. Disponível em: <https://doi.org/10.1007/s40503-016-0034-1>. Acesso em: 22 jun. 2022.

TANURI, Leonor Maria. "História da formação de professores". *Revista Brasileira de Educação*, Rio de Janeiro, n. 14, pp. 61-88, 2000. Disponível em: <https://doi.org/10.1590/S1413-24782000000200005>. Acesso em: 22 jun. 2022.

TEIXEIRA, Wladimir Machado; MENEZES-FILHO, Naércio Aquino. "Estimando o retorno à educação do Brasil considerando a legislação educacional brasileira como um instrumento". *Brazilian Journal of Political Economy*, São Paulo, v. 32, n. 3, pp. 479-96, 2012. Disponível em: <https://doi.org/10.1590/S0101-31572012000300008>. Acesso em: 22 jun. 2022.

VAZ, Fábio Monteiro. *Escalas de equivalência e demanda do consumidor*. Brasília: UnB, 2012. Tese (Doutorado em Economia). Disponível em: <https://repositorio.unb.br/handle/10482/12621>. Acesso em: 9 jul. 2021.

1ª EDIÇÃO [2023] 2 reimpressões

ESTA OBRA FOI COMPOSTA POR OSMANE GARCIA FILHO EM MINION
E IMPRESSA EM OFSETE PELA GRÁFICA PAYM SOBRE PAPEL PÓLEN NATURAL
DA SUZANO S.A. PARA A EDITORA SCHWARCZ EM MARÇO DE 2024

A marca FSC® é a garantia de que a madeira utilizada na fabricação do papel deste livro provém de florestas que foram gerenciadas de maneira ambientalmente correta, socialmente justa e economicamente viável, além de outras fontes de origem controlada.